فہرست

الہٰی ہدایت
قرآن و حدیث کی حکمت کو کھولنا

ابراهيم عيسى

اللہ کے نام سے جو بڑا مہربان نہایت رحم کرنے والا ہے۔

یہ کتاب خالصتاً اللہ کی محبت، رحمت اور خوشنودی کے لیے لکھی گئی ہے جس سے میں صدقِ دل سے اپنے والدین، بہن، خاندان اور مومنین کے گناہوں کی معافی مانگتا ہوں جو فوت ہوچکے ہیں اور انہیں جنت کے اعلیٰ ترین ابدی باغ میں داخلہ عطا فرمائے۔

(سورۃ الاسراء 17:24)

"میرے مالک! ان پر رحم کرو جیسا کہ انہوں نے مجھے بچپن میں پالا تھا۔"

(سورہ رعد 24-13:23)

ہمیشگی کے باغات جن میں وہ اپنے والدین، میاں بیوی اور اولاد میں سے نیک لوگوں کے ساتھ داخل ہوں گے۔ اور فرشتے ہر دروازے سے ان کے پاس داخل ہوں گے اور کہیں گے: "تمہاری استقامت پر سلامتی ہو۔ آخری ٹھکانہ کتنا عمدہ ہے!"

(سورۃ الفاتحہ 1:1-7)

اللہ کے نام سے جو بڑا مہربان، نہایت رحم کرنے والا ہے۔

تمام تعریفیں اللہ کے لیے ہیں جو تمام جہانوں کا رب ہے۔

سب سے زیادہ رحم کرنے والا، نہایت رحم کرنے والا،

روزِ جزا کا مالک۔

ہم تیری ہی عبادت کرتے ہیں اور تجھ ہی سے مدد مانگتے ہیں۔

صراطِ مستقیم پر ہماری رہنمائی فرما۔

ان لوگوں کا راستہ جن پر تو نے نعمتیں نازل کی ہیں — ان کی نہیں جن سے تو ناراض ہے، یا ان لوگوں کا جو گمراہ ہیں۔

فہرست کا خانہ

قرآن کے علاوہ وحی

نبی کی ازواج مطہرات

تین ہزار فرشتے

روزے سے پہلے رات کو مباشرت کی اجازت

قبلہ کی سمت کی تبدیلی

(حکمت (حکمت

باب پانچ

انبیاء و مرسلین

باب چھ

اللہ کی ایک کتاب

تعارف

ا۔ اللّٰہ کے نام سے جو بڑا مہربان نہایت رحم کرنے والا ہے۔ تمام تعریفیں اللّٰہ رب العالمین کے لیے ہیں۔ میں گواہی دیتا ہوں کہ اللّٰہ کے سوا کوئی معبود نہیں اور محمد اس کے بندے اور رسول ہیں۔

(سورة الانعام 6:153)

بے شک، یہ میرا راستہ ہے ۔ بالکل سیدھا۔ اس لیے اس کی پیروی کرو اور دوسرے طریقوں کی پیروی نہ کرو، کیونکہ وہ تمہیں اس کے راستے سے ہٹا دیں گے۔ اس نے تمہیں یہی حکم دیا ہے، شاید تم اللّٰہ سے ڈرو۔

قرآن تاریخ کی سب سے بڑی ادبی مسلم کتاب ہے اور آج بھی بالکل اسی طرح بے عیب اور برقرار ہے جس طرح چودہ سو سال پہلے نازل ہوئی تھی۔

(سورة الاسراءؑ 17:88)

اے نبی کہہ دیجئے کہ اگر تمام انسان اور جن مل کر اس قرآن کے مساوی کو تیار کر لیں تو وہ اس کے برابر نہیں لا سکتے، خواہ وہ ایک دوسرے کا ساتھ دیں۔

قرآن ہر مسلمان کے لیے ہدایت الٰہی کی سب سے بڑی بنیاد ہے۔ دوسری طرف وہ حدیث جو رسول اللّٰہ صلی اللّٰہ علیہ وسلم کی سنت کا علمبردار ہے۔ بہت سے مسلمانوں میں آج ایک متنازعہ مسئلہ سمجھا جاتا ہے۔

روایتی مسلمان اس بات پر یقین رکھتے ہیں کہ حدیث ایک درست تاریخی ماخذ ہے، جس میں نبی صلی اللّٰہ علیہ وسلم کے قول، فعل اور منظوری کو محفوظ رکھا گیا ہے۔ (صلی اللّٰہ علیہ وسلم). تاہم کچھ قرآنی ایسے ہیں جو تمام حدیثوں کو رد کرتے ہوئے قرآن پر مبنی نقطہ نظر کی وکالت کرتے ہیں۔

مغربی اسکالرز بشمول تنقیدی سوچ رکھنے والے مسلمانوں کا خیال ہے کہ حدیث کے نصوص کو قابل اعتماد طریقے سے نبی صلی اللّٰہ علیہ وسلم کے (لفظی الفاظ سے نہیں لگایا جا سکتا. (صلی اللّٰہ علیہ وسلم

یہ عقیدہ اس پر مبنی ہے۔ تاریخی تنقیدی طریقہ جو حدیث کے متن کی اصلیت کی تحقیق کرتا ہے، اور حدیث لکھے جانے کے وقت کے تاریخی اور ثقافتی واقعات کو دیکھتا ہے۔

قرآن کے تناظر میں احادیث کی ضرورت اور اعتبار کے بارے میں مختلف آراء نے مسلمانوں میں انتشار پیدا کر دیا ہے جس سے چند اہم سوالات پیدا ہوئے ہیں۔

جب ہمارے پاس قرآن ہے تو حدیث کی ضرورت کیوں؟ کیا ہم ایسی حدیث پر عمل کرتے ہیں جو قرآن کی کسی آیت سے متصادم ہو؟ نبی صلی اللہ علیہ وسلم نے کیا۔ (صلی اللہ علیہ وسلم) قرآن کے علاوہ وحی حاصل کرتے ہیں؟ کیا محمد آخری نبی اور رسول تھے؟ قرآن مجید میں تورات اور انجیل کا ذکر کیوں ہے؟

یہ کتاب قرآن و حدیث کے اقتباسات کے ذریعے ان میں سے کچھ اور مزید سوالات کے جوابات دیتی ہے۔

میں اللہ تعالیٰ سے دعا کرتا ہوں کہ وہ میری اس عاجزانہ کوشش کو قبول فرمائے اور یہ کتاب تمام بنی نوع انسان کے لیے ہدایت اور نفع کا ذریعہ ہو۔ السلام علیکم ورحمۃ اللہ وبرکاتہ محمد اس کے بندے اور رسول، اس کے اصحاب، دوسرے انبیاء و مرسلین، ان کے تمام اہل و عیال اور جو بھی ان کی نیکی کے ساتھ پیروی کرتا ہے۔

(سورۃ العنکبوت 29:69)

جو لوگ ہماری راہ میں جدوجہد کرتے ہیں، ہم انہیں ضرور اپنے راستے پر چلائیں گے۔ اور اللہ یقیناً نیکو کاروں کے ساتھ ہے۔

پہلا باب
حدیث کی ضرورت

(سورۃ النحل 16:44)

ہم نے انہیں روشن دلائل اور آسمانی کتابوں کے ساتھ بھیجا۔ اور ہم نے آپ کی طرف نصیحت نازل کی ہے۔ تاکہ آپ لوگوں کے لیے بیان کریں کہ ان کے لیے کیا نازل کیا گیا ہے اور شاید وہ غور کریں۔

(سورہ آل عمران 3:164)

بے شک اللہ نے مومنوں پر ان میں سے ایک رسول مبعوث کر کے ان پر بڑا احسان کیا ہے۔ان کو اس کی آیات پڑھ کر سنانا، ان کا تزکیہ کرنا اور انہیں کتاب کی تعلیم دینا اور حکمت. کیونکہ وہ اس سے پہلے صریح گمراہی میں تھے۔

دیث نبوی کی سنت کی روایت ہے۔ (صلی اللہ علیہ وسلم) اس میں پیغمبر اسلام کے اقوال، افعال اور روایات شامل ہیں جو آج اسلامی قانون میں ایک بڑے ماخذ کے طور پر استعمال ہوتی رہی ہیں۔

رسول اللہ صلی اللہ علیہ وسلم کی سنت ہی حدیث کی گاڑی ہے۔ سنت کو ہم قرآن و حدیث سے ہی سمجھ سکتے ہیں۔ کسی بھی حدیث کے متن کی اصل قرآن اور سنت رسول سے ملتی ہے۔ محمد

ابو نجیح العرباد بن ساریہ رضی اللہ عنہ نے کہا:

رسول اللہ صلی اللہ علیہ وسلم نے ہمیں ایسا خطبہ دیا جس سے ہمارے دل خوف سے بھر گئے اور آنکھوں میں آنسو آگئے۔

تو ہم نے عرض کیا: یا رسول اللہ! گویا یہ الوداعی خطبہ ہے ، لہٰذا ہمیں نصیحت کیجئے۔ آپ صلی اللہ علیہ وسلم نے فرمایا: میں تمہیں اللہ سے ڈرنے کی نصیحت کرتا ہوں اور اپنے سردار کی بات سننے اور اس کی اطاعت کرنے کی وصیت کرتا ہوں خواہ ایک غلام تمہارا امیر کیوں نہ ہو۔

بے شک تم میں سے جو طویل عرصے تک زندہ رہے گا وہ بڑا جھگڑا
دیکھے گا۔ تم میری سنت اور خلفائے راشدین کی سنت پر قائم رہو، جو صحیح
راستے کی طرف رہنمائی کرتے ہیں۔
اپنے داڑھ کے دانتوں سے ضد کے ساتھ اس سے چمٹے رہیں۔ دین میں نئی
"ایجاد کردہ چیزوں سے بچو، کیونکہ ہر بدعت گمراہی ہے۔
اسے ابوداؤد اور ترمذی نے روایت کیا ہے۔

راویوں پر مبنی حدیث کے زمرے

راویوں پر مبنی احادیث کی تین قسمیں ہیں جنھیں مسلمانوں نے بڑے پیمانے پر قبول کیا ہے۔

(حدیث قدسی (مقدس

حدیث قدسی براہ راست اللہ کی طرف منسوب ہے جہاں رسول اللہ صلی اللہ علیہ وسلم اللہ کی طرف سے الہام یا خواب کے ذریعے پیغامات پہنچاتے تھے اور پھر اپنے الفاظ میں اس کا مطلب امت تک پہنچاتے تھے۔

(متواتر (مسلسل

حدیث کو صحیح مانا جاتا ہے کیونکہ اسے صحابہ کرام کی ایک بڑی تعداد نے روایت کیا ہے۔ (صلی اللہ علیہ وسلم). متواتر حدیث کی عملی مثال حج، روزہ، زکوٰۃ، تلاوت قرآن اور پنجگانہ نمازوں کے عمل ہیں۔ زبانی متواتر حدیث کی تعداد جو نبی صلی اللہ علیہ وسلم سے منسوب کی گئی ہے کم ہے اور قابل اعتراض ہے کیونکہ صحیح تعداد کے بارے میں اہل علم کا اتفاق نہیں ہے۔

(احد (الگ تھلگ

وہ حدیث جن کی تعداد متواتر حدیث کے بڑے پیمانے پر نہ پہنچتی ہو۔ احادیث کو مزید غریب، عزیز اور مشہور میں تقسیم کیا گیا ہے۔

(غریب (عجیب، ڈرانا

حدیث کا ایک ہی ٹرانسمیٹر اسے سند کے کسی بھی مرحلے پر بیان کرتا ہے۔ (حکمرانوں کا سلسلہ

(عزیز (مضبوط، نایاب

حدیث کے دو نقل کرنے والے اسے سند کے کسی بھی مرحلے میں بیان کرتے ہیں۔ (حکمرانوں کا سلسلہ

مشہور

حدیث کے دو سے زیادہ نقل کرنے والے ہیں جو اسے سند کے کسی بھی مرحلے پر روایت کرتے ہیں۔ (حکمرانوں کا سلسلہ

حدیث کی درجہ بندی

حدیث کی درجہ بندی خواہ وہ صحیح ہوں، حسن ہوں، ضعیف ہوں یا موضوع اس کا دارومدار امانت، تقویٰ، علم، دیانت اور اچھی یاد پر ہے۔ روایتوں اور متن کا سلسلہ بھی مکمل ہونا چاہیے، بلا تعطل، قابل اعتماد اور دوسرے ٹرانسمیٹر کے ساتھ تصدیق شدہ ہونا ضروری ہے۔

(صحیح (آواز

حدیث ایک مکمل، قابل اعتماد اور بلاتعطل سند اور متن کے ساتھ۔ (متن) ٹرانسمیٹر کو ان کی ایمانداری، علم، تقویٰ، دیانت داری اور اچھی یادداشت کے لیے بھی جانا جاتا ہے۔

(حسن (اچھا

حدیث نامکمل سند کے ساتھ یا ایسے ٹرانسمیٹرز کے ساتھ جن کا اختیار یا حافظہ قابل اعتراض ہے۔ حدیث کو ثبوت کے طور پر استعمال کرنے کے لیے کافی ہے۔

(ضعیف (ضعیف

وہ حدیث جہاں ٹرانسمیٹر یا متن (متن) کو شدید تنقید کا نشانہ بنایا جاتا ہے۔ ایک مثال یہ ہے کہ ٹرانسمیٹر جھوٹ بولنے، ضرورت سے زیادہ غلطیاں کرنے یا زیادہ قابل اعتماد ثقہ ٹرانسمیٹرز کی روایتوں کی مخالفت کرنے کے لیے جانا جاتا ہے۔

(موذو (من گھڑت، جعلی

حدیث کا متن کسی خاص حدیث کی رپورٹنگ کی تاریخوں اور اوقات کے خلاف ہے۔ یہ الفاظ بھی صحیح حدیث کے مخالف ہیں۔

نبی صلی اللہ علیہ وسلم کی وفات کے بعد مسلمانوں کے لیے بنیادی توجہ قرآن تھا۔ اس کی بڑی وجہ اصحابِ رسول یعنی ابوبکر، عمر، عثمان اور علی رضی اللہ عنہم کی کاوشیں تھیں جنہوں نے حدیث کے پھیلاؤ کو کم کرتے ہوئے لوگوں کو قرآن پر عمل کرنے پر مجبور کیا۔ صحابہ کرام رضی اللہ عنہ نہیں چاہتے تھے کہ اہل ایمان قرآن کی آیات کو حدیث کے ساتھ خلط ملط کریں۔

رسول اللہ صلی اللہ علیہ وسلم کی وفات کے بعد ابوبکر رضی اللہ عنہ نے لوگوں کو جمع کیا اور کہا کہ تم رسول اللہ صلی اللہ علیہ وسلم کے بارے میں متضاد روایتیں بیان کر رہے ہو۔ آپ کے بعد آنے والے لوگ زیادہ شدید اختلاف میں مشغول ہوں گے

اس لیے رسول اللہ صلی اللہ علیہ وسلم کے بارے میں کوئی خبر نہ دیں اور اگر کوئی آپ سے پوچھے تو آپ اللہ کی کتاب کو ثالث کے طور پر رجوع کریں اس طرح جو کچھ حلال ہے اسے حلال سمجھنا چاہیے اس میں اور جو کچھ اس میں حرام ہے اسے حرام سمجھتے ہیں کی طرف سے بیان کیا الذہبی

عمر رضی اللہ عنہ نے اپنے دور خلافت میں صحابہ کرام کو اجازت نہیں دی۔ (صلی اللہ علیہ وسلم) اس کی اجازت کے بغیر آزادانہ سفر کرنا کیونکہ وہ نہیں چاہتا تھا کہ وہ حدیث پھیلائیں۔ عثمان نے اگلے خلیفہ بننے پر سفری پابندیاں ہٹا دیں۔

صحابہ کرام رضی اللہ عنہ (صلی اللہ علیہ وسلم) پسند عبداللہ ابن عباس، انس بن مالک، ابو ہریرہ، عبداللہ ابن مسعود اور دیگر نے احادیث کو دستاویز کیا ہے۔
ابو جحیفہ رضی اللہ عنہ نے کہا:

میں نے علی رضی اللہ عنہ سے پوچھا کہ کیا آپ کے پاس کتاب اللہ کے علاوہ کسی الہام کا علم ہے؟ علی نے جواب دیا، "نہیں، اس کی قسم جس نے مکئی کے دانے کو تقسیم کیا اور روح پیدا کی۔ میں نہیں سمجھتا کہ ہمارے پاس اتنا علم ہے، لیکن ہمارے پاس سمجھنے کی صلاحیت ہے جو اللہ کسی شخص کو عطا کرتا ہے، تاکہ وہ قرآن کو سمجھ سکے، اور ہمارے پاس وہ بھی ہے جو اس کاغذ میں لکھا ہے۔"

میں نے پوچھا، "اس اخبار میں کیا لکھا ہے؟اس نے جواب دیا: یہ سمجھنا، قیدی کی رہائی، اور یہ کہ کسی مسلمان کو کافر کے ہاتھوں قتل نہ کیا جائے۔ اسے بخاری نے روایت کیا ہے۔

صحابہ کرام رضی اللہ عنہم کا اجماع (صلی اللہ علیہ وسلم) اور مسلمانوں کا یہ موقف تھا کہ حدیث کو حفظ اور کلام سے سیکھا جائے۔ یہ اس وقت تحریری عبارت میں بدل گیا جب یہ خدشہ پیدا ہوا کہ جن کا حافظہ اچھا نہیں ہے وہ احادیث کو بھول جائیں گے۔

فضیل بن حسن بن عمرو بن امیہ اپنے والد سے روایت کرتے ہیں کہ انہوں نے کہا:

میں نے ابو ہریرہ سے ایک حدیث بیان کی تو انہوں نے اس کی تردید کی۔ میں نے کہا، "میں نے آپ سے سنا ہے۔" ابو ہریرہ نے کہا اگر آپ نے اسے مجھ سے سنا ہے تو میں اسے ضرور لکھوں گا۔" اس کے بعد وہ مجھے اپنے گھر لے گیا، اس نے مجھے وہ کتابیں دکھائیں جن میں بہت سی احادیث رسول صلی اللہ علیہ وسلم تھیں اور انہیں وہ حدیث مل گئی۔

ابو ہریرہ رضی اللہ عنہ نے کہا: جیسا کہ میں نے کہا، اگر میں نے آپ کو کبھی بتایا ہو تو وہ حدیث میرے پاس درج ہے۔

ابن عبد البر نے روایت کی ہے۔

حدیث کا سب سے قدیم نسخہ موطا کا ایک صفحہ ہے جو امام مالک نے 179 ہجری کا ہے۔

بنو امیہ اور عباسیوں کی دشمنی تالیف حدیث کی تخلیق کا باعث بنی۔

اموی خاندان نے یورپ، ایشیا اور افریقہ کے براعظموں پر اپنی حکمرانی کو نافذ کرنے اور اسے وسعت دینے کے لیے حدیث کو اپنے سب سے طاقتور سیاسی ہتھیار کے طور پر استعمال کیا۔ ان براعظموں میں کثیر الثقافتی، نسلی اور مذہبی پس منظر رکھنے والے لوگوں کی وسیع آبادی شامل تھی۔

اس کی وجہ سے بہت سی احادیث کی تالیف ہوئی جو قانونی، فرقہ وارانہ اور مذہبی بحثوں میں جعلسازی بن گئیں۔ اس نے اس وقت متضاد اور مسابقتی فرقہ وارانہ، قبائلی اور مذہبی نظریات کی وجہ سے حدیث کے نئے مواد کی تخلیق کا موقع اور تحریک بھی پیدا کی۔

اس سے احادیث کو بڑے پیمانے پر گھڑنے کا دروازہ کھل گیا کیونکہ حدیث کی منتقلی کی جانچ، تصدیق اور تصدیق کے لیے قائم علمی روایات کی تاریخ جیسے کنٹرول کے اقدامات نہیں تھے۔

ابن عباس رضی اللہ عنہ سے منسوب احادیث کے گھڑنے میں وقت گزرنے کے ساتھ ساتھ نمایاں اضافہ ہوا ہے۔ ابن عباس سے منقول احادیث کی تعداد ایک ہزار چھ سو ساٹھ ہے۔

یہ نو یا دس احادیث کی روایت کو مدنظر رکھتے ہوئے جو ابن عباس نے دراصل نبی صلی اللہ علیہ وسلم سے سنی ہیں۔ (صلی اللہ علیہ وسلم) اور اس کی رپورٹ جو کہ نبی صلی اللہ علیہ وسلم نے فرمایا بمقابلہ حدیث روایت جو انہوں نے دوسرے صحابہ سے سنی ہے۔

ابن عمر رضی اللہ عنہ سے دو ہزار چھ سو تیس حدیثیں منسوب ہیں اور ابو ہریرہ رضی اللہ عنہ کے بعد دوسرے سب سے زیادہ حدیث کے راوی ہیں۔

درج ذیل حدیث اس روایت کی تردید کرتی ہے کہ ابن عمر نے بہت سی احادیث روایت کی ہیں۔

عبداللہ بن ابو صفر کہتے ہیں کہ میں نے شعبی کو کہتے سنا: میں ابن عمر رضی اللہ عنہ کے پاس ایک سال بیٹھا رہا اور میں نے انہیں رسول اللہ صلی اللہ علیہ وسلم سے کچھ روایت کرتے ہوئے نہیں سنا۔ خدا (ﷺ) اسے ابن ماجہ نے روایت کیا ہے۔

اسناد کی ضرورت

دیث کی معتبریت اور اعتبار کے لیے اسناد کی ضرورت صرف دوسرے فتنے کے دوران پیدا ہوئی۔ یہ سول، سیاسی اور فوجی بدامنی اور انتشار کا دور تھا۔ ابتدائی اموی خلافت

ہم سے ابو جعفر محمد بن صباح نے بیان کیا، ہم سے اسماعیل بن زکریا نے عاصم الاحول کی سند سے بیان کیا۔ ابن سیرین نے کہا:

نہ پوچھیں گے زنجیرِ روایت کے بارے میں اور جب فتنہ واقع ہوا تو کہنے لگے: "ہمارے لیے اپنے مردوں کے نام رکھو"۔ تو اہل سنت کو شمار کیا جائے گا، اور ان کی حدیث کو پھر لیا جائے گا، اور اہل بدعت کو شمار کیا جائے گا، اور ان کی حدیث کو نہیں لیا جائے گا۔"

اسے مسلم نے روایت کیا ہے۔

عمر بن عبدالعزیز کے دور میں آٹھویں صدی میں حدیث کا ضابطہ شروع ہوا جس نے اموی دور میں مسلم سلطنت پر ایک یادگار مثبت اثر ڈالا۔

عمر بن عبدالعزیز کو ان کی بصیرت انگیز تبدیلیوں کے نتیجے میں مسلم تاریخ میں سب سے عظیم حکمرانوں میں سے ایک سمجھا جاتا ہے، جو چار صحیح رہنمائی کرنے والے خلفاء ابوبکر، عمر، عثمان اور علی رضی اللہ عنہ کے بعد دوسرے نمبر پر ہیں۔

اس وقت قاعدہ یہ تھا کہ اسناد (حکایات کا سلسلہ) کی تصدیق، مکمل ہونا ضروری ہے اور یہ کہ راوی اپنے علم، تقویٰ، دیانت اور اچھی یادداشت کے لیے مشہور تھے۔

حدیث کو بھی قرآن اور دیگر صحیح احادیث سے متصادم نہیں ہونا چاہیے۔ تاہم اصول ضعیف تھا کیونکہ خود حدیث کے مندرجات پر کوئی تنقید نہیں تھی۔ راویوں کی دیانت، تقویٰ اور علم کو بہت زیادہ عزت دی جاتی تھی اس لیے ان سے سوال نہیں کیا جاتا تھا۔ اس کی وجہ سے کوئی بھی خود حدیث کے مندرجات کی جانچ پڑتال اور سوال نہیں کر سکا۔

ابتدائی مسلم اسکالر کی حدیث کی توثیق کی کوششوں کی وجہ سے، آج جو کوئی حدیث کا حوالہ دے گا وہ اس کی سند کے ذکر کے بغیر ایسا نہیں کرے گا۔

((حدیث کا سلسلہ اس توثیق کی وجہ سے پیدا ہوا۔ حدیث کی چھ کتابیں جنہیں آج مسلمانوں نے سنت رسول سے منسوب بنیادی ماخذ کے طور پر قبول کیا ہے۔ (صلی اللہ علیہ وسلم

حدیث کے دو سب سے ممتاز علماء البخاری اور مسلم ہیں جو اسناد کے سخت معیار کی وجہ سے حدیث کے نقاد سمجھے جا سکتے ہیں۔

صحیح البخاری اور صحیح مسلم کو آج قرآن کے بعد سب سے زیادہ مستند اسلامی ادب سمجھا جاتا ہے۔ باقی چار کتابیں کی ہیں۔ سنن ابی داؤد، سنن النسائی، سنن ابن ماجہ اور جامی الترمذی

حدیث کی چھ کتابوں کا لٹریچر اپنی سند کے اعتبار سے مختلف ہے کیونکہ بعض مستند ہیں، بعض میں متضاد روایتیں ہیں اور عموماً تضادات سے بھری ہوئی ہیں۔

روایتی مسلمانوں کا خیال ہے کہ حدیث ایک بہت ہی معتبر تاریخی ماخذ ہے۔ سیکولر تنقیدی تاریخی اسکالرز اس بات پر سختی سے اختلاف کرتے ہیں کہ بہت سے احادیث کو رد کرتے ہیں کیونکہ اس کا معتبر طور پر اصل الفاظ (سے پتہ نہیں لگایا جا سکتا۔ پیغمبر (صلی اللہ علیہ وسلم

اس سے یہ سوالات پیدا ہوئے کہ آیا نبی صلی اللہ علیہ وسلم کی خبریں ہیں؟ تھے قابل اعتماد تھا اور ان کے الفاظ قرآن کی طرح درست طریقے سے محفوظ تھے۔

(سورۃ الحجر 9-15)

یقیناً ہم نے ہی یاد دہانی کو نازل کیا ہے، اور یقیناً ہم ہی اس کی حفاظت کریں گے۔

اس سے انیسویں صدی میں قرآنی تحریک کی ابتدا ہوئی جس نے پوری حدیث کو رد کر دیا اور نبی صلی اللہ علیہ وسلم کے اختیار پر سوال اٹھایا۔ (صلی اللہ علیہ وسلم.

ان کا عقیدہ اور دلیل اسی پر مبنی تھی قرآن پہنچانے کے سوا کوئی اختیار نہیں تھا۔

(سورہ نحل 16:82)

لیکن اگر وہ منہ پھیر لیں تو اے نبی تیرا کام صرف صاف صاف پیغام پہنچانا ہے۔

سنی روایت پسند اس سے متفق نہیں ہیں اور ہمیشہ مندرجہ ذیل مشہور آیت کا حوالہ دیتے ہیں تاکہ یہ ثابت ہو کہ ایسا نہیں تھا۔

(سورۃ النساء 4:59)

اے ایمان والو! اللہ کی اطاعت کرو اور رسول کی اطاعت کرو اور جو تم میں سے صاحب اختیار ہیں۔ اگر تم کسی چیز میں اختلاف کرو تو اسے اللہ اور اس کے رسول کی طرف پھیر دو اگر تم واقعی اللہ اور یوم آخرت پر ایمان رکھتے ہو۔ یہ بہترین اور منصفانہ قرارداد ہے۔

مندرجہ بالا آیت واضح طور پر بیان کرتی ہے۔ اللہ کی اطاعت کرو اور اطاعت کرو میسنجر لفظ اطاعت تم میں سے صاحب اختیار لوگوں کے سامنے نہیں ہے۔ اس کا مطلب یہ ہے کہ ہاں تم میں سے جو صاحب اختیار ہیں ان کی اطاعت کرو جب تک کہ یہ قرآن و سنت رسول اللہ صلی اللہ علیہ وسلم کے خلاف نہ ہو۔"

آیت جاری ہے "اگر تم کسی چیز میں اختلاف کرتے ہو تو اسے اللہ اور اس کے رسول کی طرف رجوع کرو، اگر تم واقعی اللہ اور یوم آخرت پر ایمان رکھتے ہو۔" اس سے مراد قرآن اور سنت نبوی ہے۔

(سورۃ الاحزاب 33:36)

جب اللہ اور اس کا رسول کسی معاملے کا فیصلہ کریں تو کسی مومن مرد یا عورت کے لیے اس معاملے میں کوئی اور اختیار نہیں ہے۔. بے شک جس نے اللہ اور اس کے رسول کی نافرمانی کی وہ صریح گمراہی میں چلا گیا۔

سنت حدیث کو وسعت اور محدود کرتی ہے۔ حدیث کی کتابوں میں مثال کے طور پر نماز پڑھنے کے طریقہ کا ذکر یا تفصیلات فراہم نہیں کی گئی ہیں۔ اگر ایک شخص کو حدیث کی تمام کتابیں دی جائیں اور دسیوں ہزار حدیثیں پڑھ لیں تو پھر بھی وہ نماز پڑھنے کا طریقہ نہیں جان سکیں گے۔

یہ صرف سنت کے ذریعے ہی ہے جو رسول اللہ ﷺ کی دائمی زندگی گزارنے کا رواج ہے۔ (صلی اللہ علیہ وسلم) کہ آج مسلمان نماز پڑھنے کا طریقہ سمجھتے اور جانتے ہیں۔

سنت حج، زکوٰۃ اور روزہ کے ساتھ ساتھ قرآن کی تعلیمات کو ہماری روزمرہ کی زندگیوں میں عملی طور پر لاگو کرنے کا طریقہ بھی بتاتی ہے۔

مالک رضی اللہ عنہ نے بیان کیا:

ہم نبی صلی اللہ علیہ وسلم کے پاس آئے (صلی اللہ علیہ وسلم) اور بیس دن اور رات اس کے ساتھ رہے۔ ہم سب جوان اور تقریباً ایک ہی عمر کے تھے۔ نبی کریم صلی اللہ علیہ وسلم بہت مہربان اور رحم دل تھے۔ جب اسے ہمارے گھر والوں کی خواہش کا احساس ہوا تو اس نے ہمارے گھروں اور وہاں کے لوگوں کے بارے میں پوچھا اور ہم نے اسے بتایا۔ پھر اس نے ہمیں اپنے گھر والوں کے پاس واپس جانے اور ان کے ساتھ رہنے اور انہیں دین کی تعلیم دینے اور اچھے کاموں کا حکم دینے کو کہا۔ اس نے کچھ اور باتیں بھی بتائیں جو مجھے یاد ہیں یا بھول گئی ہیں۔ پھر آپ صلی اللہ علیہ وسلم نے فرمایا:نماز پڑھو جیسا کہ تم نے مجھے نماز پڑھتے دیکھا ہے۔ اور جب نماز کا وقت ہو جائے تو تم میں سے کوئی اذان دے اور جو تم میں سے بڑا ہو وہ امامت کرے۔ اسے بخاری نے روایت کیا ہے۔

نبی صلی اللہ علیہ وسلم پر جھوٹ بولنے کی حدیث

احادیث عموماً تضادات سے بھری پڑی ہیں۔ آج مسئلہ یہ ہے کہ مسلمانوں کی اکثریت احادیث کو سنتی ہے اور اسے صحیح مانتی ہے۔ اس کی ایک مثال درج ذیل حدیث ہے جو بڑے پیمانے پر منتقل کی گئی ہے جس میں صحابہ کرام رضی اللہ عنہم بھی شامل ہیں۔ (صلی اللہ علیہ وسلم)۔ ایک حدیث میں جان بوجھ کر لفظ استعمال ہوا ہے دوسری حدیث میں نہیں۔ غور طلب ہے کہ دونوں احادیث بخاری کی ہیں اور علی اور انس کی ایک ہی حدیث کے دو مختلف نسخے ہیں، دونوں صحابہ کرام رضی اللہ عنہم۔ علی رضی اللہ عنہ نے بیان کیا:

پیغمبر (صلی اللہ علیہ وسلم) کہا،میرے خلاف جھوٹ مت بولو جو بھی "میرے خلاف جھوٹ بولتا ہے۔ پھر وہ ضرور جہنم میں جائے گا۔ اسے بخاری نے روایت کیا ہے۔

انس رضی اللہ عنہ نے بیان کیا:

جو حقیقت مجھے آپ سے کثیر تعداد میں احادیث بیان کرنے سے روکتی ہے وہ یہ ہے کہ نبی صلی اللہ علیہ وسلم (صلی اللہ علیہ وسلم) کہا: جو مجھ پر جان بوجھ کر جھوٹ بولتا ہے تو یقیناً اسے جہنم میں اپنا ٹھکانہ" "بنا لے۔ اسے بخاری نے روایت کیا ہے۔

الفاظ میں فرق بنیادی طور پر مذہبی عقائد کی تفہیم اور معنی کو متاثر کرتا ہے۔ یہ ضروری ہے کہ خود حدیث کے سیاق و سباق کو دیکھیں، اس کا موازنہ احادیث سے کریں اور اس بات کو یقینی بنائیں کہ یہ قرآن کی کسی آیت سے متصادم نہیں ہے۔

عائشہ رضی اللہ عنہا نے بیان کیا:

میرے والد نے رسول اللہ کی پانچ سو احادیث جمع کی تھیں۔ رات کو اس نے یہ کیا، اس نے اچھال دیا اور بستر پر لیٹ گیا۔ میں نے پوچھا، کیا آپ کو کوئی بیماری ہے یا آپ نے کچھ سنا ہے؟ صبح کے وقت، اس نے کہا، "میری بیٹی! میرے پاس وہ احادیث لاؤ جو میں نے تمہیں دی ہیں۔ میں انہیں لے آیا۔ اس نے کچھ آگ چاہی اور انہیں جلا دیا۔

جب میں نے اس سے پوچھا کہ آپ نے انہیں کیوں جلایا تو اس نے کہا کہ میں ان احادیث کو اپنے پاس رکھتے ہوئے مرنا نہیں چاہتا کیونکہ مجھے ڈر ہے کہ ایسی احادیث ہیں جو اصل میں ایسی نہیں ہیں جیسے کہ وہ روایت کی گئی ہیں حالانکہ میں نے انہیں ان لوگوں سے سنا ہے جن پر میں اعتماد کرتا ہوں؛ "میں ان کو اس طرح بیان کرنے سے ڈرتا ہوں"

کی طرف سے بیان کیا الذہبی

مردہ وہیل کھانے کی حدیث

اللہ تعالیٰ نے مندرجہ ذیل آیت میں مردہ جانوروں کا بوسیدہ گوشت کھانے سے منع فرمایا ہے۔ اس آیت کا اطلاق صرف زمینی جانوروں پر ہوتا ہے سمندری مخلوق پر نہیں۔

(سورۃ المائدۃ 5:3)

تم پر مردار، خون اور خنزیر حرام ہیں۔؛ جو چیز اللہ کے سوا کسی اور کے نام پر ذبح کی جائے۔ کیا گلا گھونٹ کر مارا جاتا ہے، مارا جاتا ہے، گر کر یا موت کے گھاٹ اتار دیا جاتا ہے۔ کیا جزوی طور پر شکاری کھاتا ہے جب تک کہ آپ اسے ذبح نہ کر لیں۔ اور قربان گاہوں پر کیا قربان کیا جاتا ہے۔ آپ بھی کے لیے قرعہ ڈالنا منع ہے۔ فیصلے یہ سب برائی ہے۔ آج کافروں نے آپ کے ایمان کو کمزور کرنے کی تمام امیدیں چھوڑ دی ہیں۔ پس ان سے مت ڈرو۔ مجھ سے ڈرو! آج میں نے تمہارے لیے تمہارا ایمان کامل کر دیا، تم پر اپنی نعمت پوری کر دی اور اسلام کو تمہارا راستہ منتخب کر لیا۔ لیکن جو شخص شدید بھوک سے مجبور ہو کہ گناہ کرنے کا ارادہ نہ رکھتا ہو تو یقیناً اللہ بخشنے والا مہربان ہے۔

مردہ وہیل کھانے سے متعلق حدیث سے معلوم ہوتا ہے کہ یہ قرآن سے متصادم ہے لیکن اصل میں آیت کی وضاحت کر رہی ہے۔ تم پر مردار، خون اور "خنزیر حرام ہیں۔

ابو عبداللہ جابر بن عبداللہ رضی اللہ عنہ بیان کرتے ہیں:
رسول اللہ صلی اللہ علیہ وسلم نے ہمیں قریش کے ایک قافلے کو روکنے کے لیے روانہ کیا اور ابو عبیدہ رضی اللہ عنہ کو ہمارا سپہ سالار مقرر کیا۔ اس نے ہمیں کھجور کی ایک بوری بطور رزق دی، اس کے علاوہ اسے ہمارے لیے کچھ نہ ملا۔

ابو عبیدہ ہمیں ایک وقت میں ایک کھجور دیتے تھے۔ اس سے پوچھا گیا: تم نے اس سے کیا فائدہ اٹھایا؟ اس نے کہا: ہم اسے اس طرح چوستے تھے جیسے

بچہ دودھ پیتا ہے، پھر اس کے بعد تھوڑا سا پانی پیتے تھے، جو ہمیں ایک دن رات تک کافی ہو جاتا تھا۔

ہم اپنی لاٹھیوں سے درخت کے پتوں کو بھی مارتے تھے، پھر انہیں پانی میں بھگو کر کھاتے تھے۔ اس نے جاری رکھا: "پھر ہم سمندر کے ساحل کی طرف بڑھے، جہاں ایک بہت بڑے ٹیلے جیسی چیز ہمیں دکھائی دی۔ جب ہم اس کے پاس پہنچے تو معلوم ہوا کہ یہ الانبار (سپرم وہیل) نامی جانور ہے۔

ابو عبیدہ نے کہا: یہ مردہ جانور ہے۔ پھر فرمایا: نہیں، بلکہ ہم رسول اللہ صلی اللہ علیہ وسلم کے قاصد ہیں اور اللہ کی راہ میں نکلے ہیں، اب تم ضرورت سے مجبور ہو، اس لیے کھا سکتے ہو۔ ہم ایک مہینے تک اس میں سے کھاتے رہے یہاں تک کہ ہم موٹے ہو گئے اور ہم تین سو آدمی تھے۔

اور واقعی میں نے دیکھا کہ ہم کس طرح اس کی آنکھ کی گہا سے چربی کو گھڑے میں نکالتے ہیں، پھر اس سے بیل کی طرح یا بیل کے سائز کے ٹکڑے کاٹتے ہیں۔

ابو عبیدہ نے ہم سے تیرہ آدمیوں کو لے کر آنکھ کے گڑھے میں بٹھا دیا۔ اس نے اس کی پسلیوں میں سے ایک لے کر اسے ٹھیک کیا، پھر ہمارے سب سے بڑے اونٹ پر زین ڈالا اور وہ پسلی کے نیچے سے گزر گیا۔

ہم نے اپنے گھر واپسی کے لیے اس کے گوشت کے بڑے ٹکڑے لیے۔ جب ہم مدینہ پہنچے تو رسول اللہ صلی اللہ علیہ وسلم کی خدمت میں حاضر ہوئے اور آپ صلی اللہ علیہ وسلم سے یہ سب کچھ بیان کیا۔

وہاں آپ صلی اللہ علیہ وسلم نے فرمایا: "یہ رزق ہے جو اللہ نے تمہارے لیے نکالا ہے، کیا تمہارے پاس اس کے گوشت میں سے کچھ ہے کہ تم ہمیں کھلاؤ؟"

ہم نے اس کا کچھ گوشت رسول اللہ صلی اللہ علیہ وسلم کے پاس بھیجا جسے آپ صلی اللہ علیہ وسلم نے کھایا۔

اسے بخاری اور مسلم نے روایت کیا ہے۔

مزید وضاحت درج ذیل قرآنی آیت اور حدیث کے متن سے ملتی ہے۔

(سورۃ المائدۃ 5:96)

تیرے لیے شکار کرنا اور سمندری غذا کھانا حلال ہے،، آپ کے لیے اور مسافروں کے لیے ایک رزق کے طور پر۔ لیکن حج کی حالت میں زمین پر شکار کرنا تم پر حرام ہے۔ اللہ سے ڈرو جس کے پاس تم سب کو جمع کیا جائے گا۔

سمندر کے پانی سے متعلق حدیث

ابوہریرہ رضی اللہ عنہ نے بیان کیا:
رسول اللہ صلی اللہ علیہ وسلم سے سمندر کے پانی کے بارے میں پوچھا گیا تو آپ نے فرمایا: اس کا پانی وضو کے لیے پاک کرتا ہے، اور اس کے مردہ جانور کھانے کے لیے حلال ہیں۔

اسے ترمذی نے روایت کیا ہے۔

سمندر کے پانی سے متعلق حدیث مردہ وہیل کو کھانے سے متعلق حدیث کی تکمیل اور وضاحت کرتی ہے۔ لہٰذا یہ ضروری ہے کہ حدیث کو قرآن کے ساتھ ساتھ دیگر متوازی حدیثی نصوص کے سیاق و سباق سے بھی پرکھنا اور سمجھنا ضروری ہے۔

حدیث لکھنے کی اجازت

پیغمبر (صلی اللہ علیہ وسلم) نزول قرآن کے دوران حدیث لکھنے پر پابندی لگا دی تاکہ اس بات کو یقینی بنایا جا سکے کہ حدیث قرآن کے ساتھ مخلوط نہ ہو۔ اس وقت بنیادی توجہ قرآن کا نزول تھا نہ کہ حدیث پر۔

ابو سعید خدری رضی اللہ عنہ بیان کرتے ہیں کہ رسول اللہ صلی اللہ علیہ وسلم نے فرمایا: مجھ سے کچھ نہ لکھو جس نے مجھ سے قرآن کے علاوہ کچھ لکھا ہے وہ اسے مٹا کر مجھ سے بیان کرے کیونکہ اس میں کوئی حرج نہیں ہے۔

اسے مسلم نے روایت کیا ہے۔

قرآن کے نزول کے بعد یہ پابندی ہٹا دی گئی۔ زبانی حدیث کی تلاوت کی ترغیب دی گئی اور ان لوگوں کو حدیث لکھنے کی اجازت دی گئی جنہیں اندیشہ تھا کہ وہ ٹرانسمیشن بھول جائیں گے۔ دی ابو شاہ کی حدیث نقطہ میں ایک کیس ہے۔

ابوہریرہ رضی اللہ عنہ نے بیان کیا:

فتح مکہ کے سال قبیلہ خزاعہ نے زمانہ جاہلیت میں اپنے ایک قتل ہونے والے شخص کا بدلہ لینے کے لیے قبیلہ بام لیث کے ایک شخص کو قتل کر دیا۔ چنانچہ آپ صلی اللہ علیہ وسلم یہ فرماتے ہوئے اٹھے کہ اللہ تعالیٰ نے مکہ سے ہاتھیوں کے لشکر کو روک دیا، لیکن اس نے اپنے رسول اور اہل ایمان کو کفار مکہ پر غالب آنے دیا، خبردار مکہ حرم ہے، بے شک مکہ میں لڑائی کسی کے لیے جائز نہیں تھی۔ مجھ سے پہلے اور نہ ہی میرے بعد کسی کے لیے جائز ہو گا، اس دن میں سے صرف ایک گھنٹہ میرے لیے جائز تھا۔ کوئی شک! یہ اس وقت ایک پناہ گاہ ہے۔ اس کے کانٹے دار جھاڑیوں کو نہیں اکھاڑنا چاہیے۔ اس کے درخت نہ کاٹے جائیں۔ اور گری ہوئی چیزوں کو نہیں اٹھانا چاہئے سوائے اس کے جو اس کے مالک کو تلاش کرے۔

اور اگر کسی کو قتل کر دیا جائے تو اس کے قریبی رشتہ دار کو دو چیزوں میں سے کسی ایک کا انتخاب کرنے کا حق ہے، یعنی خونی رقم یا قاتل کو قتل

کر کے بدلہ لینا۔" تب یمن کا ایک شخص جس کا نام ابو شاہ تھا، کھڑا ہوا اور کہا: "اس کے لیے لکھیں۔ میں، یا رسول اللہ! (صلی اللہ علیہ وسلم)" اللہ کے رسول! کہا اپنے ساتھیوں سے کہا کہ ابو شاہ کے لیے لکھو۔ پھر قریش کا ایک اور آدمی کھڑا ہوا اور کہنے لگا: یا رسول اللہ! (صلی اللہ علیہ وسلم) الاذخیر (ایک خاص قسم کی گھاس) کے علاوہ جسے ہم اپنے گھروں اور قبروں میں استعمال کرتے ہیں۔" (صلی اللہ علیہ وسلم) آپ نے فرمایا: سوائے احد کے۔

اسے بخاری نے روایت کیا ہے۔

عبداللہ بن عمرو رضی اللہ عنہ نے بیان کیا:

میں نے جو کچھ بھی رسول اللہ صلی اللہ علیہ وسلم سے سنا وہ سب لکھ دیتا تھا کہ اسے حفظ کرنا چاہتا تھا، لیکن قریش نے مجھ سے کہا کہ ایسا نہ کرو۔ انہوں نے کہا، "کیا تم اُس سے جو کچھ سنتے ہو اسے لکھتے ہو؟ پیغمبر ایک انسان ہیں! جب وہ ناراض اور خوش ہوتا ہے تو بولتا ہے۔" اس لیے میں نے چیزیں لکھنا چھوڑ دیں۔ میں نے نبی صلی اللہ علیہ وسلم سے اس کا ذکر کیا تو آپ نے اپنے منہ کی طرف اشارہ کر کے فرمایا۔ "لکھو، اس ذات کی قسم جس کے ہاتھ میں میری جان ہے، اس سے سچائی کے سوا کچھ نہیں نکلتا۔"

اسے ابوداؤد نے روایت کیا ہے۔

پیغمبر (صلی اللہ علیہ وسلم) صبر کرتا تھا اور ایک بیان کو تین بار دہرائے گا تاکہ یہ یقینی بنایا جا سکے کہ لوگ اس کے معنی کو سمجھتے ہیں۔

اس کی وجہ یہ بھی تھی کہ ان لوگوں کو اندیشہ تھا کہ وہ انبیاء کے کلام کو بھول جائیں گے تاکہ اسے لکھ سکیں۔

انس بن مالک رضی اللہ عنہ نے بیان کیا۔

کہ رسول اللہ صلی اللہ علیہ وسلم فرماتے ایک بیان کو تین بار دہرائیں۔ تاکہ اسے سمجھا جا سکے۔

اسے ترمذی نے روایت کیا ہے۔

کاغذ پر لکھنے کی حدیث

عبیداللہ بن عبداللہ رضی اللہ عنہ بیان کرتے ہیں:
ابن عباس رضی اللہ عنہما نے کہا کہ جب رسول اللہ صلی اللہ علیہ
وسلم کو کوئی بیماری ہو گئی۔ (صلی اللہ علیہ وسلم) بدتر ہو گیا، اس نے کہا،
’’میرے لیے تحریری کاغذ لاؤ میں تمہارے لیے ایک بیان لکھوں گا جس کے
بعد تم گمراہ نہ ہو گے۔‘‘ لیکن عمر رضی اللہ عنہ نے کہا کہ رسول اللہ صلی اللہ
علیہ وسلم سخت بیمار ہیں اور ہمارے پاس اللہ کی کتاب ہے اور یہی ہمارے لیے
کافی ہے۔ لیکن صحابہ کرام کا اس بارے میں اختلاف ہوا اور شور و غوغا ہوا۔
اس پر نبی کریم صلی اللہ علیہ وسلم نے ان سے فرمایا کہ جاؤ اور مجھے
’’اکیلا چھوڑ دو۔ یہ ٹھیک نہیں کہ تم میرے سامنے جھگڑو۔
ابن عباس رضی اللہ عنہما یہ کہتے ہوئے باہر نکلے کہ یہ سب سے بڑی
بدقسمتی تھی کہ اللہ کے رسول صلی اللہ علیہ وسلم (صلی اللہ علیہ وسلم) ان کے
اختلاف اور شور کی وجہ سے ان کے لیے یہ بیان لکھنے سے روک دیا گیا۔
اسے بخاری نے روایت کیا ہے۔
حدیث اس کی تشریح کے لیے کھلی ہے کہ نبی کیا ہے۔ (صلی اللہ علیہ وسلم)
اپنی موت سے پہلے لکھنا چاہتا تھا۔ کیا وہ علی، عمر یا دوسرے صحابہ میں
سے کسی کو اپنا جانشین نامزد کرنا چاہتے تھے یا اپنی اس ہدایت کی تصدیق
کرنا چاہتے تھے کہ مومنین قرآن اور اس کی سنت پر عمل کرتے ہیں؟
عمر کا بیان ’’نبی کریم صلی اللہ علیہ وسلم سخت بیمار ہیں اور ہمارے پاس
اللہ کی کتاب ہے اور یہی ہمارے لیے کافی ہے۔‘‘ حدیث کی سند پر بھی شکوک و
شبہات کا سایہ ڈالتا ہے۔ اس وقت قرآن مجید کتابی شکل میں مرتب نہیں ہوا تھا۔

تنقید حدیث

دیث پہلے زبانی منتقل ہوئی پھر بعد میں لکھی گئی۔ حدیث کی توثیق کا بوجھ زیادہ مشکل ہوتا اگر یہ صرف زبانی ترسیل تک ہی محدود ہوتا۔ حقیقت یہ ہے کہ حافظہ ناقابل اعتبار ہے اور حدیث کی تشریح ان کے اصل متن اور معنی میں تبدیلی کا باعث بن سکتی ہے۔ اس وقت مسلمانوں کو قبائلی تنازعات، بڑے پیمانے پر نقل مکانی اور ماحول کی تبدیلیوں کو برداشت کرنا پڑا جس سے ان کی یادداشت اور حدیث کی زبانی ترسیل متاثر ہوتی۔

شعبہ بن الحجاج جن کا شمار حدیث کی تنقید کے صف اول کے علماء میں ہوتا ہے کہتا ہے:

"میں کسی ایسے شخص کو نہیں جانتا جس نے حدیث کی چھان بین کی ہو جس کی تحقیق میری تحقیقات کے مقابلے میں ہو۔ میں نے دریافت کیا کہ اس میں سے تین چوتھائی غلط ہیں۔

حدیث کی ابتدائی زبانی ترسیل کے وقت کوئی تحریری کنٹرول موجود نہیں تھا۔ یہ تحریری قرآن کے برعکس ہے جہاں پس منظر کے علم اور اسکالرشپ کی ایک مضبوط تاریخ موجود ہے۔ قرآن کی تلاوت کرنے والے مومن ہمیشہ تحریری قرآنی متن کی طرف رجوع کر سکتے ہیں جو کنٹرول کی ایک شکل تھی۔

عبداللہ بن لہیعہ جو مصر کے مشہور محدث حدیث تھے کہنے لگے: "ایک بدعتی جس نے مجھ سے اپنے جھوٹے عقائد سے توبہ کی تھی۔ اس نے کہا "بغور جائزہ لیں کہ آپ نے یہ حدیثیں کس سے لی ہیں، جب بھی ہم کسی عقیدہ کی طرف استدلال کریں گے تو اسے حدیث میں بدل دیں گے۔"

حدیث روایت کی پہلی چار صدیاں اسناد (حدیث کا سلسلہ) تنقید پر مرکوز تھیں جس میں خود حدیث کے مندرجات پر تنقید نہیں تھی۔ البخاری، مسلم، احمد بن حنبل اور دیگر نے حدیث کی توثیق کے لیے تصدیقی نقلیں استعمال کیں جس نے ایک حد تک کام کیا۔ اس کی وجہ سے احادیث

کے ابتدائی دور کا مسئلہ ہے کیونکہ حدیثوں کی توثیق کے لیے کوئی سند موجود نہیں تھی۔

اس کا مطلب یہ ہے کہ آٹھویں صدی کے بعد سے ناقدین حدیث کی کوشش کر رہے تھے۔ ایک سو سے ڈیڑھ سو سال پہلے کی حدیثوں کی توثیق کے لیے ان کے طریقے استعمال کریں۔

اس سے پہلے کے دور میں احادیث کے لیے من گھڑت پیرارل اسناڈز (حدیث کا سلسلہ) کی وجہ سے یہ غیر موثر ثابت ہوا جس کی وجہ سے صحیح اور من گھڑت احادیث میں فرق کرنا مشکل ہو گیا۔

ٹائم لائن میں خلا پیدا ہو گیا ہے۔ کمرے میں ہاتھی آج بھی کوئی حدیث بیان کرتا ہے۔ اس کی وجہ یہ ہے کہ جب کوئی حدیث کا حوالہ دیتا ہے، خواہ وہ مسجد میں ہو یا عوامی پلیٹ فارم پر، کم از کم ایک یا زیادہ مشتبہ افراد ہوں گے جو یہ سوال کریں گے: "کیا نبی صلی اللہ علیہ وسلم نے (السلام علیکم و رحمۃ اللہ و برکاتہ) واقعی واقعی یہ کہتے ہیں؟"

حدیث دیر سے لکھی گئی تھی جس کی وجہ سے حدیث کے لیے متوازی متضاد اسناد (سلسلہ روایت) کی وجہ سے اس کی تفسیر کھل جاتی ہے۔ یہ لاتا ہے۔ حدیث رسول اللہ صلی اللہ علیہ وسلم کے لفظی الفاظ کے مقابلے میں شک (کے دائرے کے قریب ہے۔ (صلی اللہ علیہ وسلم.

حدیث ایک ضرورت ہے کیونکہ یہ ہمیں سنت نبوی کے بارے میں معلومات فراہم کرتی ہے۔ (صلی اللہ علیہ وسلم) اور قرآنی آیات کا سیاق و سباق فراہم کرتا ہے۔ یہ ہمیں مسلمانوں کی سابقہ نسلوں کے خیالات اور نظریات کے بارے میں بھی بصیرت فراہم کرتا ہے۔

مسلمان فرقے جیسے سنی، شیعہ، سلفی، صوفی، وہابی وغیرہ سب حدیث کو قبول کرتے ہیں قرآن اور سنت نبوی کو سمجھنے کے لیے ضروری ہے۔ (صلی اللہ علیہ وسلم) اگرچہ حدیث کے معاملے میں ان میں اختلاف ہو سکتا ہے۔

مسلمان، تشریحات اور تفہیم میں اختلاف کے باوجود قرآن اور حدیث کو اپنے مذہبی عقائد کے لیے رہنمائی کا ذریعہ سمجھتے ہیں۔

باب دو
قرآن اور حدیث میں فرق

(سورۃ العنکبوت 29:45)

جو کتاب آپ کی طرف وحی کی گئی ہے اسے پڑھو اور نماز قائم کرو۔

قرآن ہر نماز میں پڑھا جاتا ہے جبکہ نماز میں حدیث نہیں پڑھی جاتی۔

(سورۃ الاسراء 17:88)

اے نبی کہہ دیجئے کہ اگر تمام انسان اور جن مل کر اس قرآن کے برابر بنا لیں تو اس کے برابر نہیں لا سکتے ، خواہ وہ کتنی ہی تائید کیوں نہ کریں۔

قرآن پاک میں اللہ کے خالص غیر متغیر الفاظ ہیں جبکہ حدیث رسول اللہ ﷺ کے قول و فعل سے منسوب ہے ۔

(سورہ نجم 53:2-4)

تیرا ساتھی (محمد) نہ گمراہ ہوا ہے اور نہ گمراہ ہوا ہے۔ اور نہ ہی وہ اپنی مرضی سے بات کرتا ہے۔ یہ نہیں بلکہ وحی نازل ہوئی ہے۔

قرآن مجید جبرائیل فرشتہ کے ذریعہ نبی محمد صلی اللہ علیہ وسلم کے پاس لایا گیا ہے ، جبکہ حدیثیں نبی صلی اللہ علیہ وسلم کی زندگی کے بارے میں روایات ہیں۔ بخاری، مسلم اور دیگر ذرائع سے۔

(سورہ فاطر 35:29-30)

بے شک جو لوگ اللہ کی کتاب کی تلاوت کرتے ہیں، نماز قائم کرتے ہیں، اور جو کچھ ہم نے ان کو دیا ہے اس میں سے چھپے اور کھلے طور پر صدقہ کرتے ہیں، وہ ایسے بدلے کی امید رکھ سکتے ہیں جو کبھی ختم نہ ہو۔ تاکہ وہ انہیں پورا پورا بدلہ دے۔ اور ان میں اضافہ کریں اس کے فضل سے۔ وہ واقعی سب سے زیادہ بخشنے والا، سب سے زیادہ قدر کرنے والا ہے۔

قرآن مجید کی تلاوت سے ثواب اور فضیلت کا اندازہ لگایا گیا ہے جبکہ حدیث کی تلاوت برکت کا ذریعہ ہے۔ (برکت

(سورۃ البقرہ 2:106)

اگر ہم کبھی کسی آیت کو منسوخ کر دیتے ہیں یا اسے بھول جاتے ہیں تو ہم اس کی جگہ اس سے بہتر یا اس جیسی آیت لگا دیتے ہیں۔ کیا تم نہیں جانتے کہ اللہ ہر چیز پر قادر ہے؟

قرآن ایک معجزہ اور منفرد ہے۔ احادیث میں حیرت و استعجاب کا درجہ یکساں نہیں ہے۔ حدیث کبھی بھی قرآن کی ایک آیت کو منسوخ نہیں کر سکتی۔

(سورہ الواقعہ 56:74-79)

پس اپنے سب سے بڑے رب کے نام کی تسبیح کرو۔ لہذا، میں ستاروں کے مقامات کی قسم کھاتا ہوں ۔ اور یہ، اگر صرف آپ کو معلوم ہوتا، تو یہ ایک بہت بڑی قسم ہے کہ یہ واقعی ایک عظیم قرآن ہے، ایک اچھی طرح سے محفوظ شدہ ریکارڈ میں جسے پاک فرشتوں کے علاوہ کسی نے نہیں چھوا ہے۔

قرآن کو بغیر وضو کے یا جنسی ناپاکی کی حالت میں نہیں چھوا جا سکتا۔ حدیث کی کتابوں کو جنسی ناپاکی کی حالت میں اور بغیر وضو کے چھوا جا سکتا ہے۔

(سورہ یوسف 12:2)

بے شک ہم نے اسے عربی قرآن بنا کر نازل کیا ہے تاکہ تم سمجھو۔ قرآن عربی کے علاوہ اپنی زبان میں نہیں پڑھا جا سکتا جبکہ حدیث کسی بھی زبان میں بیان کی جا سکتی ہے۔

(سورۃ العنکبوت 29:47)

اور ہماری آیتوں کو جھٹلانے والے کافروں کے سوا کوئی نہیں۔ آپ قرآن کی ایک آیت کو رد کر کے اپنا ایمان کھو سکتے ہیں۔ اگر آپ کسی حدیث کو رد کرتے ہیں تو ایسا نہیں ہے۔

(سورۃ الحجر 15:9)

یقیناً ہم نے ہی نصیحت کو نازل کیا ہے اور یقیناً ہم ہی اس کی حفاظت کرنے والے ہیں۔

قرآن بے مثال ہے اور اللہ کی طرف سے ہر قسم کے فساد سے محفوظ ہے۔ حدیث قرآن کی طرح محفوظ نہیں ہے اور تضادات سے بھری ہوئی ہے۔

باب تین
قرآن حدیث کی روشنی میں

(سوره علی عمران 3:31)

اے نبی کہو اگر تم اللہ سے سچے دل سے محبت کرتے ہو تو میری پیروی کرو۔ اللہ تم سے محبت کرے گا اور تمہارے گناہوں کو بخش دے گا۔ کیونکہ اللہ بہت ''بخشنے والا اور رحم کرنے والا ہے۔

ر آن اللہ کی طرف سے الٰہی تحریری وحی ہے جبکہ حدیث زبانی منتقلی سے مشروط تھی اور پھر بعد میں تحریری ترسیل اللہ کے رسول سے منسوب کی گئی۔ (صلی اللہ علیہ وسلم

(سوره عبسہ 80:11-14)

لیکن نہیں! یہ وحی واقعی ایک یاد دہانی ہے۔ پس جو چاہے اس کا خیال رکھے۔ یہ اعزاز میں رکھے ہوئے صفحات پر لکھا ہے ۔انتہائی قابل احترام، پاک۔

قرآن ہر چیز کی وضاحت کرتا ہے اور تمام علم کا بیج ہے۔ سنت نبوی قرآن کو وسعت اور محدود کرتی ہے۔

اس کی وجہ یہ ہے کہ سنت قرآن کی آیات کو سیاق و سباق فراہم کرتی ہے اور یہ اس بات کی عینک بھی ہے کہ ہم قرآن کو کیسے پڑھتے اور سمجھتے ہیں۔ ایسی صورت میں جب مسلمان کسی قرآنی آیت کی تفسیر میں اختلاف کرتے ہیں تو سنت ایسی تشریح کی حدود کو محدود کر دیتی ہے۔

(سورۃ البقرہ 2:2)

یہ کتاب ہے! اس میں کوئی شک نہیں جو اللہ سے ڈرنے والوں کے لیے ہدایت ہے۔

رسول اللہ صلی اللہ علیہ وسلم نے فرمایا کہ مجھے قرآن اور اس کے ساتھ کچھ اور عطا کیا گیا ہے۔

مقدام بن معدکرب رضی اللہ عنہ بیان کرتے ہیں کہ رسول اللہ صلی اللہ علیہ وسلم نے فرمایا: ''مجھے یقیناً قرآن اور اس کے ساتھ کچھ اور دیا گیا ہے۔

عنقریب وہ وقت آنے والا ہے جب ایک آدمی اپنے صوفے پر ٹیک لگائے گا اور کہے گا: "صرف قرآن کی پیروی کرو، جو کچھ اس میں پاؤ اسے حلال کرو اور جو کچھ اس میں حرام پاؤ اسے حرام کرو۔"

اسے ابوداؤد نے روایت کیا ہے۔

(سورۃ الحشر 59:7)

جو کچھ رسول تمہیں دے، لے لو۔ اور جس چیز سے وہ تمہیں روکے اسے چھوڑ دو۔ اور اللہ سے ڈرو۔

قرآن سنت کی توثیق کرتا ہے اور حدیث کی وضاحت کرتا ہے۔

ایک اندازے کے مطابق اسّی فیصد اسلامی قوانین قرآن سے نہیں بلکہ حدیث سے ماخوذ ہیں۔ ہزاروں کی تعداد میں احادیث ایسی ہیں جن میں سے زیادہ تر قرآن کے چند قانونی دفعات کے مقابلے میں قانونی مضمرات رکھتی ہیں۔

اس سے امت میں یہ تصور پیدا ہوا کہ حدیث اللہ تعالیٰ کا لفظی کلام ہے۔ اللہ کا کوئی موازنہ یا ہمسر نہیں اور اس میں اس کے الفاظ شامل ہیں۔

(سورہ طٰہٰ 20:14)

یہ واقعی میں ہوں، میں اللہ ہوں! میرے سوا کوئی عبادت کے لائق نہیں۔ پس تم میری ہی عبادت کرو اور میری یاد کے لیے نماز قائم کرو۔

قرآن و حدیث کے درمیان توازن بحال کرنے کی ضرورت ہے۔ قرآنی نقطہ نظر کو بحال کرنے کی ضرورت ہے کیونکہ حدیث کی روایت قرآن کو پیچھے چھوڑ چکی ہے۔

سعودی عرب کا آئین قرآن ہے۔ کوئی تعزیرات یا سول کوڈ نہیں ہے اور جج شریعت (اسلامی قانون) کی بنیاد پر فیصلے کرتے ہیں۔

العربیہ کو انٹرویو دیتے ہوئے، سعودی عرب کے ولی عہد محمد بن سلمان (MBS) نے کہا:

"حکومت جہاں شریعت کا تعلق ہے۔ قرآنی احکام اور تعلیمات کو متواتر میں نافذ کریں۔ (معروف) حدیث، اور کرنے کے لئے احادیث کی صداقت اور اعتبار کا جائزہ لیں۔ اور کرنے کے لئے خبر (سنی ہوئی) احادیث کو مکمل طور پر نظر انداز کرو جب تک کہ اس سے انسانیت کے لیے کوئی واضح فائدہ نہ ہو۔

تو، وہاں ہونا چاہئے کسی مذہبی معاملے سے متعلق کوئی سزا نہیں سوائے اس کے کہ اس میں واضح قرآنی شرط موجود ہو، اور یہ سزا اسی طرح کی جائے گی جس طرح نبی صلی اللہ علیہ وسلم نے اسے لاگو کیا تھا۔

اس کے اثرات یہ ہیں کہ کچھ اسلامی قوانین ختم ہو جائیں گے جیسے مرتد اور ہم جنس پرستوں کی موت، سنگسار کرنا اور چوروں کے ہاتھ کاٹ دینا۔

اس کا مطلب یہ بھی ہے۔ صرف دس فیصد صحیح احادیث جو قرآنی متن کے مطابق ہیں وہیں رہیں گی۔

احادیث کا رد اگر a دی نظریہ میں تبدیلی مقامات قرآن پر زیادہ زور اور قرآنی آیت کے ساتھ نہ ہو۔

مسلمان عام طور پر بغیر سمجھے قرآن کی تلاوت کرتے ہیں اور اکثر قرآن کی آیات کو حدیث کے نصوص کے ساتھ الجھاتے ہیں۔

اسلامی قانون زیادہ تر حدیث کے نصوص سے تفصیلی ہدایات پر مبنی ہے۔ قرآن میں عمومی احکام ہیں جبکہ حدیث قرآنی آیات کے متعلق مخصوص تفصیلات فراہم کرتی ہے۔

نماز، روزہ، حج، زکوٰۃ اور تجارتی لین دین سے متعلق قرآنی آیات میں وضاحت درکار ہے۔ پیغمبر (صلی اللہ علیہ وسلم) قرآن کی آیات کا عملی طور پر مظاہرہ کیا جسے آج بہت سے مسلمان سنت نامی ایک اور وحی مانتے ہیں۔ جب نماز، حج، روزہ وغیرہ کی بات آتی ہے تو حدیث قرآنی نصوص پر پھیلتی ہے۔ قرآنی نصوص کے مقابلے میں حدیث کے نصوص بہت وسیع ہیں۔

(سورہ یوسف 12:108)

کہو اے نبی، یہ میرا راستہ ہے۔ ان سے کہو کہ یہ میرا راستہ ہے جو بالکل صاف اور سیدھا ہے۔ میری کال پختہ یقین، عقل، علم اور سمجھ پر مبنی ہے۔ میرا اور میرے پیروکاروں کا۔

قرآن و حدیث کے الفاظ کے معنی ہیں۔ الفاظ کی ہماری تشریح اہمیت رکھتی ہے کیونکہ یہ ہماری حقیقت کو قرآنی اور حدیثی نصوص کی سیاق و سباق کے لحاظ سے اہمیت دیتی ہے۔

قائم شدہ پس منظر کے علم اور تفہیم کے ذریعے ہمارا استدلال ہمیں آگاہ کرے گا کہ قرآن وحی الٰہی کا بنیادی ماخذ ہے۔

اللہ کے احکام پر عمل کرنا چاہیے۔ قرآن جو اللہ تعالیٰ کے جامع اور مختصر الفاظ ہیں سنت پر حکومت کرتا ہے۔ کوئی نبی نہ ہوگا۔ (صلی اللہ علیہ وسلم) یا قرآن کے بغیر وحی الٰہی۔

(سورہ آلِ عمران 3:7)

وہی ہے جس نے آپ پر اے نبیﷺ یہ کتاب نازل کی ہے جس میں سے کچھ آیات قطعی ہیں۔ وہ کتاب کی بنیاد ہیں۔ جب کہ کچھ مبہم ہیں۔

منحرف دل والے اپنی غلط تاویلات کے ذریعے شکوک و شبہات پھیلانے کے لیے مضحکہ خیز آیات کی پیروی کرتے ہیں، لیکن اللہ کے سوا کوئی ان کا پورا مطلب نہیں سمجھتا۔ جہاں تک اہل علم کا تعلق ہے تو وہ کہتے ہیں کہ ہم اس قرآن پر ایمان رکھتے ہیں یہ سب ہمارے رب کی طرف سے ہے۔ لیکن عقل والوں کے سوا اس کا کوئی خیال نہیں کرے گا۔

اللہ تعالیٰ لوگوں کو منحوس آیات سے آزماتا ہے اور منحرف دل والے اپنی غلط تشریحات کے ذریعے قرآن کے بارے میں شکوک و شبہات پھیلاتے ہیں۔

اس سے امت میں انتشار پیدا ہوتا ہے جو علم اور رہنمائی کا اصل ذریعہ حدیث کی طرف رجوع کرتے ہیں۔ احادیث کی تالیف و تصنیف پچھلے چودہ سو سال سے جاری ہے۔

وہ احادیث جو عموماً تضادات سے بھری پڑی ہیں آج تشریحات کے تابع ہیں حالانکہ بہت سے لوگ حدیث کو اسلامی قانون کا بنیادی ماخذ سمجھتے ہیں۔

اس کا مطلب یہ نہیں کہ حدیث کو بالکل رد کر دیا جائے۔ اجماع ہونا چاہیے کہ حدیث کو تنہا نہ دیکھا جائے۔

اکثر یہ سوال پیدا ہوتا ہے کہ "اگر قرآن میں ایسی حدیث کا ذکر نہیں ہے جو مستند سمجھی جاتی ہے تو کیا ہوگا؟ حدیث کو اس کے سیاق و سباق کو سمجھنے کی کوشش میں دیگر متوازی احادیث سے پرکھا جائے اور اس کا موازنہ کیا جائے۔

اس کی وجہ یہ ہے۔ ہر ایک کے لیے جو حدیث صحیح ہے اس میں ممکنہ طور پر ایک اور متوازی اور مخالف حدیث ہے جو کہ غلط ہے۔ یہ بات درست ہے قطع نظر اس کے کہ معلومات کا ذریعہ بخاری، مسلم یا دیگر سے ہے۔ مغربی علماء بشمول مسلمان حدیث کے بارے میں عام طور پر شکوک و شبہات کا شکار ہیں اور عام طور پر حدیث کے ساتھ معاملہ کرتے وقت تاریخی تنقیدی طریقہ کار کا اطلاق کرتے ہیں۔

اس طریقہ میں تاریخی حدیث کے متن کی ابتداء کی جانچ پڑتال اور اس کے ماخذ، تاریخ، واقعات جن میں متن لکھا گیا، اس کے ساتھ ساتھ متن میں مذکور افراد، مقامات، رسوم و رواج اور چیزوں کی تحقیق کرنا شامل ہے۔

قرآنی نصوص کی پیروی کرنے اور اس کی تشریح کرنے کے مقابلے میں نبی صلی اللہ علیہ وسلم کی زندگی کے عملی نمونے پر عمل کرنا آسان ہے۔ ایک مسئلہ یہ بھی ہے کہ عربی زیادہ تر مسلمانوں کی پہلی زبان نہیں ہے جس کی وجہ سے اسے سمجھنا اکثر اوقات مشکل ہوتا ہے۔

قرآن کی وضاحت صحابہ کے لیے ان کی ٹائم لائن میں زیادہ واضح تھی کیونکہ قرآن ان کی زبان اور بولی میں نازل ہوا تھا۔

(سورہ یوسف 12:2)

بے شک ہم نے اسے بطور نازل کیا ہے۔ عربی قرآنتاکہ تم سمجھ سکو۔

اس سے یہ بھی مراد ہے کہ نبی صلی اللہ علیہ وسلم (صلی اللہ علیہ وسلم) ان آیات کے گہرے معانی بیان کیے جن کا ذکر قرآن میں نہیں ہے۔

آج مسلمانوں کی اکثریت کو قرآن کو سمجھنے کے لیے ایک مفسر کی ضرورت ہے۔ ائمہ اور شیوخ جیسے علماء اس سلسلے میں مدد فراہم کر سکتے ہیں لیکن وقت کی تنگی کی وجہ سے محدود حد تک۔

ہماری مصروف تیز رفتار زندگی میں وقت کو عیش و عشرت سمجھا جاتا ہے۔ ہماری خاندانی، کام، سماجی اور مذہبی وابستگی ہے۔ قرآن سیکھنے اور سمجھنے کے لیے وقت کہاں سے ملے گا؟

(سورۃ الاسراء 17:106)

یہ ایک قرآن ہے جو ہم نے مرحلہ وار اس لیے نازل کیا ہے کہ تم اس کو سمجھو اسے جان بوجھ کر لوگوں کو سنائیں۔ اور ہم نے اسے یکے بعد دیگرے نازل کیا ہے۔

سیکھنے کے ڈیجیٹل دور نے کسی کو بھی اپنے ڈیسک ٹاپ، لیپ ٹاپ، ٹیبلٹ، آئی پیڈ اسمارٹ فون، سمارٹ ٹی وی اور دیگر کے ذریعے ڈیجیٹل ٹیکنالوجیز اور وسائل کو آن لائن استعمال کرتے ہوئے فعال طور پر قرآن سیکھنے اور سیکھنے کا موقع فراہم کیا ہے۔

آج مفت مسلم ایپس موجود ہیں جو صارفین کو قرآن سے جوڑتی ہیں، اس عمل میں مثبت عادات پیدا کرتے ہوئے ان کی تلاوت اور حفظ قرآن کو بہتر بناتی ہیں۔

(سورہ توبہ 9:31)

انہوں نے اپنے عالموں اور راہبوں اور مسیح ابن مریم کو اللہ کے سوا رب بنا لیا ہے۔ حالانکہ انہیں ایک خدا کے سوا کسی کی عبادت نہ کرنے کا حکم دیا گیا تھا۔ اس کے سوا کوئی عبادت کے لائق نہیں۔ وہ ان چیزوں سے پاک ہے جنہیں وہ اس کے ساتھ شریک ٹھہراتے ہیں۔

پیغمبر (صلی اللہ علیہ وسلم) ہمیں متنبہ بھی کرتا ہے کہ ان علماء کی بات نہ سنیں۔ تعلیمات قرآن کے خلاف ہیں۔

عدی بن حاتم رضی اللہ عنہ بیان کرتے ہیں:

میں نے رسول اللہ صلی اللہ علیہ وسلم کو یہ آیت پڑھتے ہوئے سنا: انہوں نے اپنے علماء کو لے لیا ہے۔ اور راہبوں کو اللہ کے سوا رب اور مسیح ابن مریم کو بھی۔"

اور ان کو اس کے سوا کوئی حکم نہیں دیا گیا تھا کہ ایک اللہ کی عبادت کریں۔ اس کے سوا کوئی معبود نہیں۔ وہ ان چیزوں سے بلند ہے جن کو وہ اس کے ساتھ شریک کرتے ہیں۔

تو میں نے اس سے کہا: ہم ان کی عبادت نہیں کرتے۔ اس نے جواب دیا:"کیا وہ منع نہیں کرتے جس کی اللہ اجازت دیتا ہے تو تم اسے منع کرتے ہو؟ کیا وہ اس کی اجازت نہیں دیتے جسے اللہ منع کرتا ہے تو تم اسے اجازت دیتے ہو؟"

میں نے کہا ہاں۔ فرمایا: "اس طرح تم ان کی عبادت کرتے ہو۔

اسے ترمذی نے روایت کیا ہے۔

جو بھی قرآن کو پڑھنے اور سمجھنے کی کوشش کرتا ہے اللہ اسے اپنے راستے کی طرف رہنمائی کرتا ہے۔

(سورہ ص 38:29)

یہ ایک بابرکت کتاب ہے جسے ہم نے آپ کی طرف نازل کیا ہے تاکہ وہ اس پر عمل کریں۔ اس کی آیات پر غور کریں، اور عقلمند لوگ ہوش میں آ سکتے ہیں۔

قرآن کی تفسیر کا بہترین طریقہ خود قرآن اور حدیث کے نصوص سے ہے۔

حدیث کا متن قرآن کی کسی آیت سے متصادم نہیں ہونا چاہیے، یا سائنس، عقل، منطق اور عقل کے خلاف نہیں جانا چاہیے۔ آیت کے مکمل سیاق و سباق کو سمجھنے کے لیے مطلوبہ تفسیر قرآنی آیت، اس سے پہلے کی پہلی پانچ آیات اور بعد کی پانچ آیات کا جائزہ لینے کی ضرورت ہے۔ قرآنی آیات کا حدیث نصوص سے اور اس کے بر عکس موازنہ کرتے وقت یہ ایک عملی کام کا سیاق و سباق فراہم کرے گا۔

یہ صحیح استدلال پر مبنی ہے کہ کسی چیز کا صحیح احساس دلانے کے لیے کسی چیز کو ایک دوسرے کے قریب رکھنے کی ضرورت ہے۔

(سورہ نجم 53:3-4)

نہ ہی وہ اپنی مرضی کی بات کرتا ہے۔ یہ تو صرف وحی ہے اس پر۔

اللہ کے رسول صلی اللہ علیہ وسلم پر ایک ایسے وقت میں وحی نازل ہوئی جب نبی صلی اللہ علیہ وسلم اور آپ کی امت کو سخت مشکلات اور ایذاء کا سامنا تھا۔

قرآنی آیات کے نزول کا باعث بننے والے واقعات کو سمجھنے کے لیے حدیث ایک اہم سیاق و سباق فراہم کرتی ہے۔ اس میں قرآن کی تدبر بھی شامل

ہے اور یہ آج کے مسلمانوں کو آزمائشوں اور فتنوں پر قابو پانے کے بارے میں بصیرت فراہم کرتا ہے۔

(سورہ سبا 34:46)

آپ کہہ دیجئے کہ اے نبی میں صرف ایک کام کی نصیحت کرتا ہوں کہ اللہ کے لیے الگ الگ یا جوڑے کھڑے ہو جاؤ پھر غور کریں.

قرآن اللہ کا کلام ہے نہ کہ رسول اللہ صلی اللہ علیہ وسلم کا کلام

(سورہ نحل 16:82)

لیکن اگر وہ روگردانی کریں تو اے نبی آپ کا کام صرف صاف صاف پہنچا دینا ہے۔

اللہ کے رسول صلی اللہ علیہ وسلم ایک تھے۔ چلتے ہوئے قرآن اور قرآن کو زندہ کرنے کے لیے انسانیت کے لیے بہترین مثال ہے۔

قتادہ رضی اللہ عنہ نے بیان کیا:

میں نے عائشہ رضی اللہ عنہا سے کہا کہ اے مومنوں کی ماں، مجھے رسول اللہ صلی اللہ علیہ وسلم کی سیرت کے بارے میں بتائیے۔ عائشہ رضی اللہ عنہا نے کہا کیا تم نے قرآن نہیں پڑھا؟ میں نے کہا، "جی بالکل۔" عائشہ رضی اللہ عنہا نے کہا: اللہ کے نبی کی سیرت قرآن تھی۔ اسے مسلم نے روایت کیا ہے۔

رسول اللہ صلی اللہ علیہ وسلم کی سیرت کے تناظر میں حدیث ہمارے لیے یہ دیکھنے کے لیے ایک دریچہ کھولتی ہے کہ آپ صلی اللہ علیہ وسلم نے قرآنی آیات کو روزمرہ کی زندگی میں عملی طور پر کیسے لاگو کیا۔

(سورۃ الاحزاب 33:21)

بے شک، اللہ کے رسول میں آپ کے لیے بہترین نمونہ ہے یا جو اللہ اور یوم آخرت کی امید رکھتا ہو اور اللہ کو کثرت سے یاد کرتا ہو۔

(سورۃ البقرہ 2:269)

وہ جسے چاہتا ہے حکمت عطا کرتا ہے۔ اور جس کو حکمت عطا کی جاتی ہے وہ یقیناً ایک عظیم سعادت سے نوازا جاتا ہے۔ لیکن عقل والوں کے سوا اس کا کوئی خیال نہیں کرے گا۔

جندب بن عبداللہ رضی اللہ عنہ بیان کرتے ہیں:

اللہ کے رسول (صلی اللہ علیہ وسلم) کہا، "قرآن کی تلاوت اور مطالعہ کرو جب تک تم اس کی تفسیر اور معانی پر متفق ہو، لیکن جب آپ کو اس کی تفسیر اور معانی میں اختلاف ہو تو آپ اسے فی الوقت پڑھنا چھوڑ دیں۔ اسے بخاری نے روایت کیا ہے۔

اللہ علم کا راستہ اس وقت کھولتا ہے جب ہم قرآن کو پڑھتے وقت عقل کا استعمال شروع کرتے ہیں یہ باری اللہ کی الہامی وحی کے بارے میں ایک نئی تفہیم کو کھولتی ہے جو ان سوالات کے جوابات فراہم کر سکتی ہے جن کا ہر ایک کو اپنی ذاتی پریشانیوں اور پریشانیوں میں روزانہ سامنا کرنا پڑتا ہے۔

قرآن مجید کی سات مختلف طریقوں سے تلاوت کرنے کی حدیث

عمر بن الخطاب رضی اللہ عنہ بیان کرتے ہیں کہ میں نے ہشام بن حکیم رضی اللہ عنہ کو رسول اللہ صلی اللہ علیہ وسلم کی زندگی میں سورۃ الفرقان پڑھتے سنا۔

میں نے اس کی تلاوت سنی اور دیکھا کہ اس نے اسے بہت سے طریقوں سے پڑھا ہے جو مجھے رسول اللہ صلی اللہ علیہ وسلم نے نہیں سکھائے تھے۔ چنانچہ میں نماز کے دوران اس پر کودنے والا تھا، لیکن میں اس وقت تک انتظار کرتا رہا جب تک کہ وہ نماز سے فارغ نہ ہو گئے، میں نے اسے اس کی اوپر والی چادر پکڑ لی اور اس سے پوچھا: تمہیں یہ سورہ پڑھنا کس نے سکھایا؟

اس نے جواب دیا: "رسول اللہ صلی اللہ علیہ وسلم نے مجھے اس کے پڑھنے کا طریقہ سکھایا تھا۔" تو میں نے اس سے کہا: تم نے جھوٹ کہا، اللہ کی قسم مجھے یہ سورت رسول اللہ صلی اللہ علیہ وسلم نے سکھائی تھی جو میں نے آپ کو پڑھتے ہوئے سنی ہے۔

چنانچہ میں اسے رسول اللہ صلی اللہ علیہ وسلم کی طرف لے کر روانہ ہوا۔ میں نے عرض کیا: یا رسول اللہ، میں نے اس شخص کو سورۃ الفرقان ایسے طریقے سے پڑھتے ہوئے سنا جو آپ نے مجھے نہیں سکھایا، اور آپ نے مجھے اس کو پڑھنے کا طریقہ سکھایا۔

اس پر رسول اللہ صلی اللہ علیہ وسلم نے فرمایا: "اے عمر! اسے چھوڑ دو، اے ہشام پڑھو۔" تو ہشام نے اس کے سامنے اس طرح تلاوت کی جس طرح میں نے اسے پڑھتے ہوئے سنا تھا۔

رسول اللہ صلی اللہ علیہ وسلم نے فرمایا: یہ اس طرح نازل ہوا ہے۔ پھر رسول اللہ صلی اللہ علیہ وسلم نے فرمایا: "پڑھو اے عمر! تو میں نے اس کی تلاوت کی۔

آپ صلی اللہ علیہ وسلم نے فرمایا: یہ اس طرح نازل ہوا ہے۔ اور پھر اس نے مزید کہا: ”بے شک یہ قرآن سات طرح سے نازل ہوا ہے، لہٰذا اسے اس طریقے سے پڑھو جو تمہارے لیے آسان ہو۔“

اسے بخاری اور مسلم نے روایت کیا ہے۔

قرآن مجید کی تلاوت کے ثواب کے بارے میں حدیث

حمد بن کعب القرازی آپ صلی اللہ علیہ وسلم نے فرمایا۔

میں نے عبداللہ بن مسعود رضی اللہ عنہ کو فرماتے ہوئے سنا: رسول اللہ صلی اللہ علیہ وسلم نے فرمایا:

"جس نے اللہ کی کتاب کا ایک حرف پڑھا تو اسے اس کا ثواب ملتا ہے اور اس کے برابر دس کا ثواب ملتا ہے۔ میں یہ نہیں کہتا کہ الف لام ایک حرف ہے بلکہ الف ایک حرف ہے، لام ایک حرف ہے اور میم ایک حرف ہے۔

اسے ترمذی نے روایت کیا ہے۔

عائشہ رضی اللہ عنہا نے کہا:

رسول اللہ صلی اللہ علیہ وسلم نے فرمایا: جو شخص قرآن کی تلاوت کرتا ہے اور اس پر دل لگاتا ہے وہ جنت میں نیکوکار کاتبوں کے ساتھ ہوگا۔ اور ایسا شخص دل سے قرآن سیکھنے کی کوشش کرے اور بڑی مشکل سے اس کی تلاوت کرے تو اسے دوہرا اجر ملے گا۔

اسے بخاری نے روایت کیا ہے۔

وہ احادیث جو قرآن سے متصادم ہوں۔

سلمان قرآن کو آسمانی وحی کے بنیادی اور خالص ماخذ کے طور پر تعظیم کرتے ہیں۔ تاہم بعض ایسے ہیں جو یہ کہتے ہیں کہ بعض احادیث قرآن سے متصادم ہیں۔

احادیث عموماً تضادات سے بھری پڑی ہیں۔ کوئی بھی حدیث جو قرآن کی کسی آیت سے متصادم ہو اسے سنجیدگی سے لینا چاہیے۔ مندرجہ ذیل آیت بتاتی ہے کہ قرآن میں کوئی تضاد نہیں ہے۔ حدیث میں اس کے برعکس ہے۔

(سورۃ النساء 4:82)

کیا یہ لوگ قرآن میں غور نہیں کرتے؟ اگر یہ اللہ کے سوا کسی اور کی طرف سے ہوتا تو یقیناً وہ اس میں بہت سی تضادات پاتے۔

درج ذیل احادیث قرآن کے مکمل اور مکمل خلاف ہیں۔ ان تضادات نے مسلم کمیونٹی میں قرآن کے حوالے سے حدیث کے مقصد اور صداقت کے بارے میں سوالات کو جنم دیا۔

رجم سے متعلق حدیث

(سورۃ النور 24:2)

جہاں تک زنا کرنے والے مرد اور عورت ہیں، ان میں سے ہر ایک کو ایک سو کوڑے لگائیں۔اور اللہ کے قانون کو نافذ کرنے میں ان پر ترس نہ آنے دیں، اگر آپ واقعی اللہ اور یوم آخرت پر ایمان رکھتے ہیں۔ اور بہت سے مومنین کو ان کی سزا کا مشاہدہ کرنے دیں۔

عبداللہ بی۔ عباس نے بیان کیا کہ عمر بن خطاب رسول اللہ صلی اللہ علیہ وسلم کے منبر پر بیٹھ گئے۔ (صلی اللہ علیہ وسلم) اور کہا:

بیشک اللہ نے محمد کو بھیجا ہے۔ (صلی اللہ علیہ وسلم) حق کے ساتھ اور اس پر کتاب نازل فرمائی اور جو کچھ ان پر نازل ہوا اس میں رجم کی آیت بھی شامل تھی۔

ہم نے اسے پڑھا، اسے اپنے حافظے میں رکھا اور سمجھا۔ اللہ کے رسول (صلی اللہ علیہ وسلم) سنگسار کرنے کی سزا موت دی شادی شدہ زانی کو اور زانی اور اس کے بعد ہم نے رجم کی سزا بھی دی۔

مجھے ڈر ہے کہ وقت گزرنے کے ساتھ ساتھ لوگ اسے بھول جائیں اور کہیں کہ ہم اللہ کی کتاب میں رجم کی سزا نہیں پاتے اور اس طرح اللہ کے مقرر کردہ اس فرض کو چھوڑ کر گمراہ ہو جاتے ہیں۔

رجم کرنا اللہ کی کتاب میں زنا کرنے والے شادی شدہ مردوں اور عورتوں کے لیے فرض ہے۔ جب ثبوت قائم ہو جائے، یا حمل ہو، یا اقرار ہو۔ اسے مسلم نے روایت کیا ہے۔

قرآن ایک شادی شدہ غلام کے لیے زنا کی سزا کو بھی واضح کرتا ہے جو آزاد شادی شدہ شخص کی سزا کا نصف ہے۔

لیکن اگر تم میں سے کوئی آزاد مومن عورت سے شادی کرنے کی استطاعت نہ رکھتا ہو تو وہ کسی ایسی مومن لونڈی سے نکاح کر لے جو تم میں سے کسی کے پاس ہو۔ اللہ بہتر جانتا ہے تمہارے ایمان کا اور ان کا کیا حال ہے۔ آپ ایک دوسرے سے ہیں۔ لہٰذا ان سے ان کے مالکوں کی اجازت سے نکاح کرو، ان کو ان کا مہر عدل کے ساتھ دے، اگر وہ پاک دامن ہوں، نہ بے حیائی ہوں اور نہ خفیہ معاملات ہوں۔

اگر وہ شادی کے بعد بے حیائی کا ارتکاب کریں تو انہیں آزاد عورتوں سے آدھی سزا ملتی ہے۔ یہ تم میں سے ان لوگوں کے لیے ہے جو گناہ میں پڑنے سے ڈرتے ہیں۔ لیکن اگر تم صبر کرو تو یہ تمہارے لیے بہتر ہے۔ اور اللہ بخشنے والا مہربان ہے۔

شفاعت سے متعلق حدیث

(سورۃ الزمر 39:44)

کہو، ''تمام شفاعت صرف اللہ کے لیے ہے۔ آسمانوں اور زمین کی بادشاہی اسی کی ہے۔ پھر تم سب اسی کی طرف لوٹائے جاؤ گے۔''

عبداللہ بی۔ عمرو بی عاص رضی اللہ عنہ بیان کرتے ہیں کہ رسول اللہ صلی اللہ علیہ وسلم نے فرمایا:

جب تم مؤذن کو سنو تو جو وہ کہتا ہے اسے دہراؤ، پھر مجھ پر درود بھیجو، کیونکہ جو شخص مجھ پر درود بھیجے گا اللہ تعالیٰ کی طرف سے دس رحمتیں ہوں گی۔ پھر اللہ سے میرے لیے وسیلہ مانگو، جو جنت میں اللہ کے بندوں میں سے صرف ایک بندے کے لیے موزوں ہے، اور مجھے امید ہے کہ میں وہ بن جاؤں گا۔

اگر کوئی پوچھے کہ مجھے وسیلہ دیا جائے تو اسے میری شفاعت کا یقین دلایا جائے گا۔

اسے مسلم نے روایت کیا ہے۔

پانی بہنے سے متعلق حدیث

(سورۃ الاسراء 17:90-93)

وہ پیغمبر کو چیلنج کرتے ہیں ”ہم آپ پر ہرگز ایمان نہیں لائیں گے جب تک کہ آپ ہمارے لیے زمین سے ایک چشمہ جاری نہ کر دیں،، یا جب تک کہ تمہارے پاس کھجور اور انگور کے باغات نہ ہوں اور اس میں نہریں بہتی ہو جائیں۔ یا آسمان کو ٹکڑے ٹکڑے کر کے ہم پر گرا دے جیسا کہ آپ نے دعویٰ کیا ہے، یا اللہ اور فرشتوں کو ہمارے سامنے لاؤ، یا جب تک کہ آپ کے پاس سونے کا گھر نہ ہو، یا آپ آسمان پر چڑھ جائیں، تب بھی ہم نہیں کریں گے۔ اپنے عروج پر یقین رکھو جب تک کہ تم ہم پر کوئی ایسی کتاب نازل نہ کرو جسے ہم پڑھ سکیں۔ کہو، ”پاک ہے میرا رب! کیا میں صرف ایک انسانی رسول نہیں ہوں؟

الم بن ابی جد رضی اللہ عنہ بیان کرتے ہیں:

جابر بن عبداللہ رضی اللہ عنہ کہتے ہیں کہ حدیبیہ کے دن لوگ بہت پیاسے ہوئے، ایک چھوٹا سا برتن نبی کریم صلی اللہ علیہ وسلم کے سامنے تھا۔ (صلی اللہ علیہ وسلم) اور جب آپ صلی اللہ علیہ وسلم وضو کر چکے تو لوگ ان کی طرف لپکے۔

اس نے پوچھا: تمہیں کیا ہوا ہے؟ انہوں نے جواب دیا کہ ہمارے پاس نہ تو وضو کرنے کے لیے پانی ہے اور نہ پینے کے لیے سوائے اس کے جو تمہارے سامنے ہے۔ چنانچہ اس نے اپنا ہاتھ اس برتن میں رکھا اور پانی اس کی انگلیوں میں چشموں کی طرح بہنے لگا۔

ہم سب نے اس میں سے پیا اور وضو کیا، میں نے جابر سے پوچھا کہ تم کتنے تھے، انہوں نے جواب دیا کہ اگر ہم ایک لاکھ ہوتے تو بھی ہمارے لیے کافی ہوتے لیکن ہم پندرہ سو تھے۔

اسے بخاری نے روایت کیا ہے۔

دلیل پر حدیث

(سورۃ الانفال 8:22)

درحقیقت اللہ کے نزدیک تمام مخلوقات میں بدترین وہ ہیں۔ جان بوجھ کر بہرے اور گونگے، جو سمجھ نہیں پاتے۔

ندب رضی اللہ عنہ نے بیان کیا:

نبی کریم صلی اللہ علیہ وسلم نے فرمایا: اگر کوئی اللہ کی کتاب کی تفسیر اپنی رائے کی روشنی میں کرے اگرچہ وہ صحیح ہو تو اس نے غلطی کی۔

اسے ابوداؤد نے روایت کیا ہے۔

حدیث پر ارتداد

قرآن نے مذہبی عقائد کو ترک کرنے پر زمین پر کسی سزا کا ذکر نہیں کیا ہے بلکہ اسے آخرت تک ملتوی کر دیا ہے۔
(سورۃ النساء 137-4:136)

اے ایمان والو! اللہ پر، اس کے رسول پر، اس کتاب پر جو اس نے اپنے رسول پر نازل کی ہے اور اس سے پہلے جو کتابیں نازل کی ہیں ان پر ایمان لاؤ۔ بے شک جس نے اللہ، اس کے فرشتوں، اس کی کتابوں، اس کے رسولوں اور یوم آخرت کا انکار کیا وہ صریح گمراہی میں چلا گیا۔

بے شک جو لوگ ایمان لائے پھر کافر ہوئے پھر ایمان لائے اور پھر کفر کیا وہ کفر میں ہی بڑھتے چلے گئے۔ اللہ نہ تو ان کو معاف کرے گا اور نہ ہی انہیں سیدھا راستہ دکھائے گا۔

عکرمہ رضی اللہ عنہ نے بیان کیا:

علی نے کچھ لوگوں کو جلا دیا اور یہ خبر ابن عباس تک پہنچی تو انہوں نے کہا کہ اگر میں ان کی جگہ ہوتا تو ان کو نہ جلاتا جیسا کہ رسول اللہ (صلی اللہ علیہ وسلم) کہا،

"اللہ کے عذاب سے کسی کو عذاب نہ دو۔" اس میں کوئی شک نہیں کہ میں ان کو نبی صلی اللہ علیہ وسلم کے لیے قتل کر دیتا (صلی اللہ علیہ وسلم) کہا،

"اگر کوئی (مسلمان) اپنے مذہب کو چھوڑ دے تو اسے قتل کر دو۔"

اسے بخاری نے روایت کیا ہے۔

باب چار
قرآن کے علاوہ وحی

(سورۃ المائدۃ 5:92)

اللہ کی اطاعت کرو اور رسول کی اطاعت کرو اور بچو! لیکن اگر تم منہ پھیرو گے تو جان لو کہ ہمارے رسول کا کام صرف صاف صاف پہنچا دینا ہے۔

(سورہ حقہ 47-69:44)

اگر رسول ہمارے نام پر کچھ کرتے تو ہم اسے اس کے دائنے ہاتھ سے پکڑ لیتے، پھر اس کی شہ رگ کاٹ دیتے، اور تم میں سے کوئی اسے ہم سے بچا نہیں سکتا تھا۔

اللہ ہمیں رسول کی اطاعت کا حکم دیتا ہے اور خبردار کرتا ہے کہ اگر اس نے اللہ کے نام پر کوئی چیز بنائی تو وہ مر جائے گا۔

(سورۃ الجن 28-72:26)

وہ غیب کا جاننے والا ہے، اپنے پسندیدہ رسولوں کے علاوہ اس میں سے کسی کو ظاہر نہیں کرتا۔ پھر وہ ان کے آگے اور پیچھے فرشتے مقرر کرتا ہے تاکہ اس بات کو یقینی بنایا جا سکے کہ رسول اپنے رب کے پیغامات کو پوری طرح پہنچاتے ہیں، حالانکہ وہ ان کے بارے میں سب کچھ جانتا ہے، اور ہر چیز کا "حساب رکھتا ہے۔

مندرجہ بالا آیت اس حقیقت پر روشنی ڈالتی ہے کہ اللہ تعالیٰ نے صحیفے نازل کرنے کے علاوہ رسولوں پر پیغامات بھی نازل فرمائے۔ اللہ تعالیٰ کی آیات رسول اللہ صلی اللہ علیہ وسلم کی سنت سے ہم کلام ہیں

رسول اللہ (صلی اللہ علیہ وآلہ وسلم) کو دوسری وحی بھی ملی جن کا قرآن میں ذکر نہیں ہے۔ مندرجہ ذیل آیات واضح طور پر قرآن کے علاوہ دیگر آیات کو ثابت کرتی ہیں اور ہر اس شخص کو ثبوت فراہم کرتی ہیں جو حدیث کا انکار کرتا ہے۔

نبی کی ازواج مطہرات

(سورہ تحریم 66:3)

یاد کرو جب نبی صلی اللہ علیہ وسلم نے اپنی بیویوں میں سے ایک سے کوئی بات کہی تھی، پھر جب اس نے دوسری بیوی کو بتا دی تھی۔ اللہ تعالیٰ نے اسے معلوم کر دیا۔ اس نے اس کے سامنے اس کا حصہ پیش کیا جس کا انکشاف کیا گیا تھا اور ایک حصہ کو نظر انداز کیا گیا تھا۔

چنانچہ جب اس نے اسے اس کی اطلاع دی تو وہ چونک کر کہنے لگی، "یہ تمہیں کس نے بتایا؟" اس نے جواب دیا، "مجھے سب کچھ جاننے والے اور باخبر نے بتایا"

مندرجہ بالا آیت اس بات پر دلالت کرتی ہے کہ اللہ تعالیٰ نے عطا فرمایا قرآن سے علیحدہ وحی نبی۔ یہ بات نبی صلی اللہ علیہ وسلم پر اس وقت نازل ہوئی جب آپ کی ایک بیوی نے جس کے بارے میں آپ نے رازداری کی تھی، دوسری بیوی کو یہ اطلاع دی۔ قرآن مجید میں کوئی دوسری آیت ایسی نہیں ہے جہاں اللہ تعالیٰ نے نبی کو اپنی بیوی کے دوسرے کو ظاہر کرنے کی اطلاع دی ہو۔ اس کا مطلب یہ ہے کہ پیغمبر کو اللہ کی طرف سے قرآن سے آزاد وحی ملی۔

تین ہزار فرشتے

(سورہ علی عمران 3:124)

اے نبی یاد کرو جب تم نے اہل ایمان سے کہا تھا کہ کیا یہ کافی نہیں کہ تمہارا رب تمہاری مدد کے لیے تین ہزار فرشتوں کی کمک بھیج دے؟

وال جو پوچھنا ضروری ہے وہ یہ ہے کہ اللہ نے قرآن مجید میں کہاں کہا ہے کہ وہ تین ہزار فرشتوں سے مومنین کی تقویت کرے گا؟ قرآن میں ایسی کوئی آیت نہیں ہے۔ مندرجہ بالا آیت سے ثابت ہوتا ہے کہ نبی صلی اللہ علیہ وسلم کو اللہ کی طرف سے قرآن سے الگ ایک اور وحی ملی۔

روزے سے پہلے رات کو مباشرت کی اجازت

(سورۃ البقرہ 2:187)

تمہارے لیے روزے سے پہلے کی راتوں میں بیویوں سے مباشرت کرنا جائز کر دیا گیا ہے۔ آپ کی شریک حیات آپ کے لیے لباس ہیں جیسے آپ ان کے لیے ہیں۔

اللہ جانتا ہے کہ تم اپنے آپ کو دھوکہ دے رہے تھے۔ پس اس نے تمہاری توبہ قبول کر لی اور تمہیں معاف کر دیا۔ لہٰذا اب آپ ان سے مباشرت کر سکتے ہیں اور جو کچھ اللہ نے آپ کے لیے مقرر کیا ہے اسے تلاش کر سکتے ہیں۔

مندرجہ بالا آیت سے پتہ چلتا ہے کہ اللہ جانتا ہے کہ تم اپنے آپ کو دھوکہ دے رہے ہو اور اب اس نے تمہارے لیے روزے سے پہلے کی راتوں میں اپنی بیویوں سے مباشرت کرنا جائز کر دیا ہے۔

قرآن میں کوئی پہلا حکم نہیں ہے کہ اللہ نے کہا کہ آپ کو رات کے وقت مباشرت کی اجازت نہیں ہے۔ روزہ سے پہلے۔ مندرجہ بالا آیت سے یہ بھی ثابت ہوتا ہے کہ نبی صلی اللہ علیہ وسلم پر اللہ کی طرف سے وحی نازل ہوئی جس کا ذکر قرآن میں نہیں ہے۔

قبلہ کی سمت کی تبدیلی

(سورۃ البقرہ 2:143-144)

اور اسی طرح ہم نے تم کو ایمان والوں کو ایک سیدھی جماعت بنایا ہے تاکہ تم لوگوں پر گواہ بنو اور رسول تم پر گواہ ہوں۔

ہم نے آپ کی نماز کی سابقہ سمت تفویض کی ہے۔ صرف ان لوگوں کو ممتاز کرنے کے لئے جو رسول کے وفادار رہیں گے ان لوگوں سے جو ایمان سے محروم ہو جائیں گے۔

بے شک اے نبی ہم آپ کو آسمان کی طرف منہ کرتے ہوئے دیکھتے ہیں۔ اب ہم آپ کو نماز کی ایک سمت کی طرف موڑ دیں گے جو آپ کو خوش کرے گی۔ لہٰذا اپنا منہ مکہ کی مسجد حرام کی طرف پھیر لو، تم جہاں کہیں بھی ہو، اس کی طرف منہ کرو۔ جن کو کتاب دی گئی وہ یقیناً جانتے ہیں کہ یہ ان کے رب کی طرف سے حق ہے۔ اور اللہ ان کے اعمال سے کبھی بے خبر نہیں ہے۔

یت اس بات کی عکاسی کرتی ہے کہ قبلہ میں تبدیلی تھی۔ نیا قبلہ یروشلم سے مسجد الحرام منتقل ہو گیا۔ یروشلم کا سامنا کرنے کا اصل حکم قرآن میں نہیں ملتا۔

جو سوال پوچھنا ضروری ہے وہ یہ ہے کہ رسول اللہ صلی اللہ علیہ وسلم کو کیسے معلوم ہوا کہ قبلہ اول کہاں ہے کیونکہ قرآن میں اس کا کوئی حکم نہیں ہے؟ قبلہ اول کی بھی کوئی تفصیل یا مکہ سے پہلے مختلف قبلہ کی پیروی کا حکم قرآن میں نہیں ہے۔

(حکمت (حکمت

(سورۃ البقرہ 2:129)

اے ہمارے رب! ان میں سے ایک رسول برپا کر ان کو تیری آیات پڑھ کر سنائے۔ انہیں کتاب اور حکمت سکھاؤ اور ان کو پاک کریں۔ بے شک تو ہی غالب اور حکمت والا ہے۔

(سورہ نحل 16:44)

ہم نے انہیں روشن دلائل اور آسمانی کتابوں کے ساتھ بھیجا۔ اور اے نبی ہم نے آپ کی طرف نصیحت اس لیے نازل کی ہے کہ آپ لوگوں کے لیے بیان کریں جو ان کے لیے نازل کیا گیا ہے اور شاید وہ غور کریں۔

کمت قرآن نہیں ہے کیونکہ نبی کو قرآن کے علاوہ مومنوں کو کچھ سکھانے کی ضرورت ہے۔۔ نبی صلی اللہ علیہ وسلم کو بتایا گیا کہ وہ لوگوں کو سنت کی وضاحت کریں تاکہ وہ غور کر سکیں۔ اس لیے حکم سنت نبوی ہے۔

باب پانچ
انبیاء و مرسلین

یاد ہے جب اللہ تعالیٰ نے انبیاء سے یہ عہد لیا کہ ''اب جب کہ میں نے تمہیں کتاب اور حکمت عطا کی ہے.، اگر تمہارے پاس کوئی رسول آئے جو تمہارے پاس موجود چیزوں کی تصدیق کرے تو تم اس پر ایمان لاؤ اور اس کی حمایت کرو۔

اس نے مزید کہا، ''کیا آپ اس عہد کی تصدیق کرتے ہیں اور اس عہد کو قبول کرتے ہیں؟'' انہوں نے کہا، ''ہاں، ہم کرتے ہیں۔'' اللہ تعالیٰ نے فرمایا پھر تم گواہ رہو اور میں بھی گواہ ہوں۔

آیت ہمیں بتاتی ہے کہ انبیاء (نبی) اللہ کے رسول (رسول) ہیں۔ نئے صحیفے سونپے گئے ہیں۔ دوسری طرف رسول انبیاء نہیں ہیں لیکن موجودہ صحیفوں کی تصدیق کرتے ہیں اور لوگوں تک الٰہی پیغام پہنچاتے ہیں۔

اللہ تعالیٰ نے قرآن مجید میں پچیس انبیاء کا ذکر کیا ہے لیکن بہت سے مسلمانوں کا اتفاق ہے کہ دوسرے انبیاء بھی تھے جن کا اللہ نے ذکر نہیں کیا۔ اسلام آدم، ابراہیم (ابراہیم)، اسماعیل (اسمٰعیل)، موسیٰ (موسیٰ)، داؤد (داؤد)، عیسیٰ (عیسیٰ) اور محمد کو پانچ عظیم پیغمبر تسلیم کرتا ہے۔

اللہ کے انبیاء اور رسولوں کے کام مختلف تھے کیونکہ اللہ تعالیٰ نے قرآن مجید میں دو الگ الگ آیات میں انبیاء اور رسول کا ذکر کیا ہے۔ اللہ ہمیں حکم دیتا ہے کہ انبیاء کے درمیان تفریق نہ کریں۔

اے ایمان والو کہہ دو کہ ہم اللہ پر ایمان لائے اور جو کچھ ہم پر نازل کیا گیا ہے۔ اور جو ابراہیم، اسماعیل، اسحاق، یعقوب اور ان کی اولاد پر نازل کیا گیا تھا۔ اور جو موسیٰ، عیسیٰ اور دوسرے انبیاء کو ان کے رب کی طرف سے دیا گیا

تھا۔ ہم ان میں سے کسی کے درمیان کوئی فرق نہیں کرتے. اور ہم سب اللہ کے
تابع فرمان ہیں۔"
(سورہ علی عمران 3:84)
اے نبی کہو کہ ہم اللہ پر ایمان رکھتے ہیں اور جو کچھ ہم پر نازل کیا گیا ہے
اور جو ابراہیم، اسماعیل، اسحاق، یعقوب اور ان کی اولاد پر نازل ہوا ہے ۔ اور
جو موسیٰ، عیسیٰ اور دوسرے انبیاء کو ان کے رب کی طرف سے دیا گیا
تھا۔ہم ان سے کسی میں کوئی فرق نہیں کرتے، اور ہم پوری طرح اس کے
سامنے سر تسلیم خم کرتے ہیں۔"
اللہ تعالیٰ ایک اور آیت میں بھی ہمیں حکم دیتا ہے کہ رسولوں میں تفریق نہ
کرو۔

(سورۃ البقرہ 2:285)
رسول اس پر پختہ یقین رکھتا ہے جو اس کے رب کی طرف سے اس پر نازل
کیا گیا ہے اور مومن بھی۔ یہ سب اللہ، اس کے فرشتوں، اس کی کتابوں اور اس
کے رسولوں پر ایمان رکھتے ہیں۔ وہ اعلان کرتے ہیں، "ہم اس کے رسولوں
میں سے کسی میں کوئی فرق نہیں کرتے۔"
اور وہ کہتے ہیں، "ہم سنتے اور مانتے ہیں۔ ہم تیری بخشش چاہتے ہیں اے
ہمارے رب! اور تیری ہی طرف آخری لوٹنا ہے ۔ جو لوگ اللہ اور اس کے
رسولوں پر ایمان رکھتے ہیں، سب کو قبول کرتے ہیں۔ کسی کو رد کرنے والا
نہیں ۔ وہ انہیں ان کا اجر ضرور دے گا۔ اور اللہ بخشنے والا مہربان ہے۔
اللہ انبیاء و مرسلین کی ذمہ داری کو واضح کرتا ہے اور چاہتا ہے کہ انسان
قرآنی آیات کے سیاق و سباق کو سمجھیں جب بات انبیاء اور مرسلین کی ہو ۔ اللہ
تعالیٰ نے درج ذیل آیت میں رسول اور نبی کا الگ الگ ذکر کر کے اس نکتے
کو تقویت دی ہے۔

(سورۃ الحج 22:52)
ہم نے جب بھی کوئی رسول یا نبی بھیجا ۔ آپ سے پہلے اے نبی صلی اللہ علیہ
وسلم اور وہ ہماری آیات پڑھتا تھا، شیطان اس کی تلاوت سے لوگوں کی سمجھ
کو متاثر کرتا تھا۔ لیکن آخرکار اللہ شیطان کے اثر کو ختم کر دے گا۔ پھر اللہ
اپنی آیتوں کو مضبوطی سے قائم کرے گا۔ اور اللہ سب کچھ جاننے والا، حکمت
والا ہے۔
ہر نبی (نبی) رسول (رسول) ہوتا ہے لیکن ہر رسول نبی نہیں ہوتا۔ اللہ تعالیٰ
نے یہ نہیں کہا کہ محمد صلی اللہ علیہ وسلم خاتم الانبیاء ہیں بلکہ انبیاء کی مہر
ہیں۔

(سورة الاحزاب 33:40)

محمد تمہارے مردوں میں سے کسی کے باپ نہیں ہیں۔ لیکن اللہ کے رسول اور خاتم النبیین ہیں۔ اور اللہ کو ہر چیز کا مکمل علم ہے۔

ہم قرآن سے سیکھتے ہیں کہ ہر نبی رسول ہوتا ہے لیکن ہر رسول نبی نہیں ہوتا۔ اللہ تعالیٰ نے موسیٰ (تورات)، داؤد (زبور)، عیسیٰ (انجیل) اور محمد (قرآن) جیسے انبیاء کو آسمانی وحی کی تصدیق اور پیش کرنے کے لیے بھیجا۔ قرآن مجید آخری صحیفہ ہے جو اللہ نے بنی نوع انسان پر نازل کیا ہے کیونکہ محمد صلی اللہ علیہ وسلم انبیاء کی مہر ہیں۔

(سورة آل عمران 3:3)

اس نے آپ پر حق کے ساتھ کتاب نازل کی ہے جو اس سے پہلے کی کتابوں کی تصدیق کرتی ہے جیسا کہ اس نے تورات اور انجیل نازل کی تھی۔

رسولوں کو نئے صحیفے کی فراہمی کے بغیر مکمل کرنے کے لئے مخصوص کام دیئے گئے تھے۔ اس لیے رسولوں کی تعداد انبیاء سے زیادہ ہے۔ اللہ کو قرآن میں تمام رسولوں کے نام لینے کی ضرورت نہیں تھی۔

(سوره غافر 40:34)

یوسف اس سے پہلے تمہارے پاس کھلی دلیلیں لے کر آئے تھے، پھر بھی تم نے شک نہیں کیا کہ وہ تمہارے پاس کیا لے کر آیا ہے۔ جب ان کی وفات ہوئی تو آپ نے فرمایا کہ اللہ ان کے بعد کبھی کوئی رسول نہیں بھیجے گا۔ اس طرح اللہ تعالیٰ ہر فاسق اور شک کرنے والے کو گمراہ چھوڑ دیتا ہے۔

قرآن نے ان قوموں اور قبیلوں کے کفر اور شک کا ذکر کیا ہے جو کہتے ہیں کہ یوسف علیہ السلام کی وفات کے بعد اللہ کبھی دوسرا رسول نہیں بھیجے گا۔ ان کا خیال تھا کہ یوسف آخری رسول ہیں۔

اللہ کے رسول صلی اللہ علیہ وسلم کی امت آخری امت نہیں تھی کہ اللہ نے رسول بھیجے۔ مندرجہ ذیل آیات اس حقیقت کی طرف اشارہ کرتی ہیں۔

(سورة النساء 4:164)

ایسے رسول ہیں جن کی کہانیاں ہم آپ کو پہلے ہی بتا چکے ہیں اور دوسرے نہیں ہیں۔ اور موسیٰ سے اللہ نے براہ راست بات کی۔

(سوره یونس 10:47)

اور ہر امت کے لیے ایک رسول ہے۔ ان کے رسول کے آنے کے بعد ان پر پوری انصاف کے ساتھ فیصلہ کیا جاتا ہے اور ان پر کوئی ظلم نہیں کیا جاتا۔ اللہ ابد تک تمام قوموں سے خطاب کرتا ہے۔ جہاں زمین کی ہر قوم میں رسول بھیجے جائیں گے تاکہ اس کی الٰہی رہنمائی حاصل کریں۔

59

یہ آیت یہ بھی بتاتی ہے کہ اللہ کا پیغام پہنچاتے وقت رسول زندہ ہوتے ہیں۔ یہ اس بحث کی تردید کرتا ہے کہ محمد اللہ کے آخری رسول تھے۔

(سورۃ الاحقاف 46:9)

کہو ،میں پہلا رسول نہیں ہوں جو کبھی بھیجا گیا ہو ، اور نہ ہی مجھے معلوم ہے کہ میرے یا آپ کے ساتھ کیا ہو گا۔ میں صرف اس چیز کی پیروی کرتا ہوں جو مجھ پر نازل ہوتی ہے۔ اور میں صرف ایک واضح تنبیہ کے ساتھ بھیجا گیا ہوں"۔

باب چھ
اللہ کی ایک کتاب

قرآن، انجیل اور تورات سبھی کو الہی وحی تصور کیا جاتا ہے، ہر ایک منفرد حکایات، تعلیمات اور توحید میں مشترکہ عقیدہ پر مشتمل ہے۔ قرآن جسے اللہ کی طرف سے آخری کتاب مانا جاتا ہے ۔ تصدیق کرتا ہے انجیل اور تورات کے الہی انکشافات۔ قرآن مومنوں کو ان صحیفوں کا احترام کرنے کی بھی ہدایت کرتا ہے حالانکہ وہ مختلف انبیاء کے ساتھ وابستہ تھے اور مختلف زبانوں میں نازل ہوئے تھے ۔

وہ روایات اور تعلیمات جو قرآن کے لیے عربی، انجیل کے لیے یونانی اور تورات کے لیے عبرانی تھیں، ان کو اپنی اپنی مذہبی روایات کے تناظر میں سمجھا اور تشریح کیا گیا۔

اللہ ان لوگوں کے خلاف تین فیصلے کرتا ہے جو اللہ کے نازل کردہ کے مطابق فیصلہ نہیں کرتے۔ پہلا یہ کہ وہ کافر ہیں، دوسرا فاسق اور تیسرا فاسق ہے۔

(سورۃ المائدۃ 5:44-47)

بے شک ہم نے تورات کو نازل کیا، ہدایت اور روشنی پر مشتمل ہے،، جس کے ذریعے انبیاء نے اپنے آپ کو پیش کیا۔ خدا نے بنایا جے یہودیوں کے لیے سزائیں

اسی طرح علمائے کرام اور علماء نے بھی اللہ کی کتاب کے مطابق فیصلہ کیا، جس کی ذمہ داری انہیں سونپی گئی تھی اور جس کے وہ محافظ بنائے گئے تھے۔ پس لوگوں سے مت ڈرو۔ مجھ سے ڈرو! اور نہ ہی میرے الہامات کو وقتی فائدے کے لیے تجارت کرو۔ اور جو اللہ کے نازل کردہ کے مطابق فیصلہ نہیں کرتے وہی کافر ہیں۔

آیت اس بات پر روشنی ڈالتی ہے کہ یہودیوں کو تورات کی پیروی کرنی چاہیے جس میں ہدایت اور روشنی ہے۔

ہم نے تورات میں ان کے لیے حکم دیا کہ "جان کے بدلے جان، آنکھ کے بدلے آنکھ، ناک کے بدلے ناک، کان کے بدلے کان، دانت کے بدلے دانت اور زخموں کے بدلے برابر بدلہ۔" لیکن جو اس کو صدقہ سے ساقط کر دے تو یہ ان کے لیے کفارہ ہو گا۔ اور وہ جو اللہ کے نازل کردہ کے مطابق فیصلہ نہیں کرتے وہی ظالم ہیں۔

پھر ہم نے انبیاء کے نقش قدم پر عیسیٰ ابن مریم کو بھیجا جو اپنے سے پہلے نازل شدہ تورات کی تصدیق کرتا تھا۔ اور ہم نے اسے انجیل عطا کی جس میں ہدایت اور روشنی تھی اور تورات میں نازل شدہ کی تصدیق کرنے والی تھی۔ پرہیزگاروں کے لیے ایک رہنما اور ایک سبق۔

اللہ عیسائیوں کو انجیل کی پیروی کرنے کا کہہ رہا ہے اور تورات میں آیات کی تصدیق بھی کرتا ہے۔ اللہ نے یہ نہیں کہا کہ عیسائیوں کو قرآن کی پیروی کرنی چاہیے۔

لہٰذا اہل انجیل اس کے مطابق فیصلہ کریں جو اللہ نے اس میں نازل کیا ہے۔ اور وہ جو اللہ نے نازل کیا ہے اس کے مطابق فیصلہ نہ کرو وہی لوگ باغی ہیں۔

انبیاء علیہم السلام نے ان سے پہلے آنے والے کسی نبی کی تکذیب نہیں کی۔ ہر نبی نے اپنے پیشروؤں کے پیغامات کی تصدیق کی۔ اللہ ان تمام سابقہ صحیفوں کی تائید اور توثیق کرتا ہے جو اس نے انبیاء کو بھیجے تھے۔

(سورۃ النساء 4:136)

اے ایمان والو! اللہ پر، اس کے رسول پر، اس کتاب پر ایمان لاؤ جو اس نے اپنے رسول پر نازل کی ہے۔ اور صحیفے جو اس نے پہلے نازل کیے تھے۔ بے شک جس نے اللہ، اس کے فرشتوں، اس کی کتابوں، اس کے رسولوں اور یوم آخرت کا انکار کیا وہ صریح گمراہی میں چلا گیا۔

پیغمبر (صلی اللہ علیہ وسلم) تورات اور انجیل کی آیات کو واضح کرنے کے لیے آیا تھا۔ اللہ مومنوں کو حکم دیتا ہے کہ وہ ان کتابوں پر ایمان لائیں جو اس نے پہلے بھیجی ہیں۔ البتہ کچھ مسلمان ایسے ہیں جو اللہ کے حکم کی پیروی نہیں کرتے کیونکہ وہ تورات اور انجیل کو نہیں مانتے۔

(سورۃ العنکبوت 29:46)

اہل کتاب سے بحث نہ کرو سوائے حسن سلوک کے، سوائے ان کے جو غلط کام کرتے ہیں۔ اور کہو، "ہم اس پر ایمان رکھتے ہیں جو ہم پر نازل کیا گیا ہے اور جو آپ پر نازل کیا گیا ہے۔ ہمارا اور تمہارا خدا صرف ایک ہے۔ اور ہم پوری طرح اس کے سامنے سر تسلیم خم کرتے ہیں۔"

اللہ تعالیٰ مومنوں سے کہہ رہا ہے کہ اہل کتاب سے جھگڑا نہ کرو اور ان کے صحیفوں کا احترام کرو ان کا خدا اور ہمارا خدا ایک ایک ہے۔

(سورۃ المائدۃ 5:68)

اے نبی کہو اے اہل کتاب! جب تک تم تورات، انجیل اور جو کچھ آپ کے رب کی طرف سے آپ پر نازل کیا گیا ہے، اس پر عمل نہ کریں، آپ کے پاس کوئی چیز نہیں ہے۔ اور اے نبی آپ کی طرف آپ کے رب کی وحی ان میں سے بہت سے لوگوں کی شرارتوں اور کفر میں اضافہ ہی کرے گی۔ پس تم ان لوگوں پر غم نہ کرو جو کافر ہیں۔

تورات اور انجیل کو منسوخ نہیں سمجھا جا سکتا جیسا کہ اللہ تعالیٰ واضح فرماتا ہے کہ تورات اور انجیل کا مشاہدہ کرنا ضروری ہے۔ اس کا مطلب یہ نہیں ہے کہ مسلمانوں کو تورات اور انجیل کے قوانین پر عمل کرنا چاہیے بلکہ اسے تسلیم کرنا چاہیے۔ یقین ہے کہ پچھلے صحیفے الٰہی ربطات کا ذریعہ ہیں۔

(سورۃ الزخرف 4-43:3)

یقیناً ہم نے اسے عربی میں قرآن بنایا ہے شاید تم سمجھو۔ اور بے شک، یہ ہمارے پاس ماسٹر ریکارڈ میں ہے۔ انتہائی قابل احترام، حکمت سے مالا مال۔ تورات، انجیل اور قرآن اللہ کی ایک کتاب کے مختلف ایڈیشن ہیں۔ یہ نظریہ تمام مسیحی اور یہودی مومنین کی طرف سے مشترکہ نہیں ہو سکتا ہے کیونکہ مذہب کے اندر تشریحات اور عقائد مختلف ہو سکتے ہیں۔ دی ماسٹر ریکارڈ قرآن میں مذکور ہے۔